Irgendwann erwischt es auch dich. Du fliegst aus dem »Hotel Mama« und siehst dich dem schonungslosen Alltag ausgesetzt. Waschen, putzen, kochen – was früher im Wunder-Mutterland wie ein weit entfernter Fluch klang, musst du jetzt ganz alleine bewältigen.
Zwei Junggesellen, die selbst diese schwere Schule durchlitten haben, helfen mit wertvollen Tipps und Tricks, die erste Zeit im K(r)ampf mit den alltäglichen Tätigkeiten zu meistern. Alles ist garantiert alltagserprobt – und nach intensiver Lektüre ist der Anruf bei »Mutti« bald überflüssig.

Die Studenten *Bernhard Finkbeiner* (geb. 1983) und *Hans-Jörg Brekle* (Jahrgang 1976) sind Gründer der viel besuchten und beachteten Websites *www.frag-mutti.de* und *www.frag-vati.de*

Unsere Adresse im Internet: www.fischerverlage.de

BERNHARD FINKBEINER,
HANS-JÖRG BREKLE

FRAG MUTTI

DAS Handbuch nicht nur für Junggesellen

Fischer Taschenbuch Verlag

Illustrationen von Sebastian Steitz

11. Auflage: Februar 2009

Veröffentlicht im Fischer Taschenbuch Verlag,
einem Unternehmen der S. Fischer Verlag GmbH,
Frankfurt am Main, April 2006

Satz: Pinkuin Satz und Datentechnik, Berlin
Druck und Bindung: C.H. Beck, Nördlingen
Printed in Germany
ISBN 978-3-596-16937-5

FRAG MUTTI

Lieber Raphael

Falls ich mal nicht
da sein sollte,
wird Dir dieses
Buch bestimmt
weiterhelfen. :))

Ich hab
Dich Lieb

Deine Mama
♡ Küssi

Brauche ich dieses Buch?

A. Deine Freundin hat gerade ein Glas Rotwein über deinen neuen Flokati gekippt. Was machst du?

Du holst die Fleckenschere. (1 Punkt)

Du färbst den Teppich rot ein. (1 Punkt)

Du wickelst die Freundin in den Flokati und versteigerst sie bei eBay. (1 Punkt)

B. Du wäschst deine weiße Wäsche und merkst in der Hälfte des Waschgangs, dass alles so schön rosa ist. Deine Lösung des Problems?

Du stellst die Waschmaschine auf schwarz-weiß um. (1 Punkt)

Du gründest die RSV (Rosa Socken Vereinigung). Du glaubst gar nicht, wie viele Anhänger sie in wenigen Wochen haben wird. (1 Punkt)

Du verzichtest in Zukunft auf Unterwäsche. (1 Punkt)

C. Du hast großspurig Freunde zum Essen eingeladen, nun kannst du fast die Wohnungseingangstür nicht mehr finden, um ihnen zu öffnen, weil dir gerade der Versuch geglückt ist, aus einem Schweinebraten Kohle zu machen. Wie rettest du dich?

Du gibst das Ganze als Eventgastronomie aus. (1 Punkt)

Du sagst, dass du heute nicht da bist. (1 Punkt)

Du holst deinen Grill aus dem Keller, Kohle hast du ja. (1 Punkt)

D. Du stehst am Supermarkt und hast keinen Euro für den Einkaufswagen. Wie verhältst du dich?

Du knackst einen Wagen mit deiner Eurocheckkarte und verscherbelst ihn später wieder gegen einen Euro! (1 Punkt)

Du lernst Jonglieren. (1 Punkt)

Du zerrst ein kleines Monster aus einem dieser bunten Einkaufsautos und hast überall freie Fahrt. (1 Punkt)

1 Punkt und mehr

Bist du in anderen Dingen besser? So wie es aussieht, bist du der absolute Haushaltsidiot. Willst du alleine überleben? Dann brauchst du dringend dieses Buch. UNBEDINGT!

INTRO

Geschafft! Mein neues Leben beginnt. Stolz lächelt mich mein Spiegelbild im ICE-Fenster an. Wie souverän ich klar gemacht habe, dass nur ich der Richtige für diesen Job bin. Sie haben gar keine andere Wahl. Sie werden mich einstellen müssen. Dann ist es so weit: Von zu Hause ausziehen, eine eigene Wohnung besitzen, viele tolle Frauen einladen und endlich ein Leben führen, in dem ich der Boss bin. Ich, INGO, frisch gekürter Sozialversicherungsfachangestellter, bin fest entschlossen, das durchzuziehen.

Die vielen Nesthocker in meinem Bekanntenkreis kann ich nicht verstehen. Sind die denn total bescheuert? Für eine warme Mahlzeit oder frische Hemden opfern sie ihre Freiheit. Geben sich zufrieden mit einem separaten Wohnungseingang oder einem eigenen Klo. Zugegeben, mein Zimmer bei meinen Eltern in Ludwigsburg ist auch nicht schlecht. Unterm Dach mit freiem Blick in den Himmel, doch auf dem Weg dorthin kommt man dummerweise direkt am Schlafzimmer meiner Eltern vorbei. Was das bedeutet, kann man sich leicht ausmalen. Zumal meine Mutter nur bei geöffneter Tür schlafen kann.

Es ist einfach oberpeinlich, die Angebetete am Bett der Eltern vorbeischleusen zu müssen. Welche Libido hält diesem Anblick stand? Oft bin ich allerdings noch nicht in diese Verlegenheit gekommen. Eigentlich noch nie. Dabei finde ich mich ganz akzeptabel. Ich bin zwar rein körperlich nicht der Größte, aber mir wurde schon öfter bekundet, dass ich bei den Mädels gut ankomme. Was ich aber mit Sicherheit sagen kann, ist, dass ich im Moment keine Freundin habe. Meine letzte hat mich nach vierzehn Tagen verlassen, weil ihr ein anderer über den Weg gelaufen ist, bei dem es »mehr prickelte«. Mr. Brausestäbchen ist inzwischen auch hopp und ex. Doch das ist jetzt alles Schnee von gestern. Ich stehe jetzt vor wahren Herausforderungen. Wenn ich von zu Hause ausgezogen bin, wird die Welt einen anderen Ingo kennen lernen! Dank meiner angeborenen Anpassungsfähigkeit und meines hervorragenden Improvisationstalents wird es mir ein Leichtes sein, mich in der neuen Stadt zurechtzufinden, meinen Haushalt zu führen, den Alltag zu meistern, und innerhalb kürzester Zeit werde ich mit selbst kreierten kulinarischen Spezialitäten die Frauen verführen und dann in mein eigenes Schlafgemach entführen. Auf dem Weg ins Dorado des Junggesellendaseins habe ich heute souverän die erste Hürde genommen.

Hallo, Ingo,
auch wir, die Autoren dieses Buches, glaubten nach dem Auszug von zu Hause, uns liege die Welt zu Füßen. Nach kurzer Zeit stellten wir jedoch fest, dass uns noch nicht einmal die Waschmaschine folgt und unser Kochkünste schon bei der Zubereitung von Salzkartoffeln schlapp machten. (Weißt *du*, wie man sie kocht?) Irgendwann haben wir dann kapituliert: Hans-Jörg rief seine Mutter an, die ihm erklärte, wie man rosa Socken wieder weiß bekommt und Salzkartoffeln nicht matschig werden. Das war unser Schlüsselerlebnis. Seither wissen wir: Der Anruf bei Mutti ist für junge Menschen, die flügge geworden sind, überlebenswichtig! Für alle, denen eine Standleitung nach Hause zu teuer oder zu peinlich ist oder deren Mütter wenig auskunftsfreudig sind, haben wir dieses Buch geschrieben. Alle Tipps sind garantiert alltagstauglich, manche vielleicht nicht ganz so ernst zu nehmen, aber auf jeden Fall von uns oder einer Jury aus vielen Schicksalsgenossen und -genossinnen erprobt.
Nach der Lektüre bist du der perfekte Gastgeber und schmeißt die coolsten Partys. VERSPROCHEN!
Dein
Bernhard und Hans-Jörg

PS: Wenn du das Buch liest, wirst du ab und zu auf »Komplettlösungen« und »Cheats« stoßen. Komplettlösungen liefern dir, wie der Name schon vermuten lässt, eine fertige Lösung für ein Problem. Also: Wie kommst du von A nach B (z. B. zu einem weich gekochten Frühstücksei oder zu einem gebügelten Hemd).
Cheats hingegen sind kleine, aber unheimlich wirksame Tricks gegen die hinterhältigen Krankheiten im Haushalt (cheat heißt schummeln). Mit wenig Aufwand und einer pfiffigen Idee lassen sich viele kleine Problemchen im Haushalt bewerkstelligen, z. B. wie man Flecken wieder aus einem heißgeliebten T-Shirt rausbekommt.
An manchen Stellen wird dir Hilde begegnen. Hilde ist unser Maskottchen auf unserer Website *www.frag-mutti.de.* Die Tipps, die sie dir gibt, sind von einer Jury, unserer Internetgemeinde, geprüft und mit Hildepunkten ausgestattet. Ein Punkt bedeutet: »Hände weg, nur was für Esoteriker«, fünf Punkte hingegen sind der absolute Knaller. Trotz sorgfältigster Prüfung können wir natürlich nicht für jeden Tipp die Hand ins Feuer legen. Wenn ihr also Kritik, Anregungen oder selbst einen Tipp habt, füllt die Antwortkarte auf S. 245/246 aus und schickt sie in einem Briefumschlag an die angegebene Adresse. Unter allen Einsendungen wird ein Buchpreis in Höhe von 50 € verlost. Die Gewinner und natürlich eure besten Tipps werden auf unserer Website veröffentlicht.

FREIFLUG

Freitag, 17:00 Uhr

Yeah! Morgen gehe ich auf Wohnungssuche. Und ich habs im Blut. Die Vermieterinnen werden vor meinem Junggesellencharme in die Knie gehen. Überflüssig zu erwähnen: Ich bekomme die Stelle bei der Krankenkasse in Ulm. Leichte Zweifel trübten schon meine Stimmung. Am meisten nervte mich meine Familie. Schlimmer als die mitleidigen Blicke meiner Mutter war die offen zu Schau gestellte Häme meiner Schwester. Früher klärte meine körperliche Überlegenheit solche Dinge. Heute verhindern ihre zum Teil um zwei Köpfe größeren Verehrer eine solch schnelle Lösung.

»Weißt du, über was ich mich am meisten freue?«, habe ich ihr eben im Vorübergehen lässig hingeworfen. »Nie mehr morgens deine ekligen Haare aus dem Abfluss fummeln zu müssen.«

Lieber Ingo,
freu dich nicht zu früh: In deinem neuen Leben erwarten dich noch viel größere Herausforderungen als Haare im Abfluss, außerdem sind nicht alle Vermieter Frauen.

Komplettlösung – Wohnungssuche Um eine Wohnung in einer anderen Stadt zu suchen, benötigst du zuerst folgende Dinge:	
Telefon/E-Mail	Für die persönliche Kontaktaufnahme.
Stadtplan	Vor allem in größeren Städten ist dieser sehr hilfreich bei der Auswahl der infrage kommenden Stadtteile und erleichtert die Suche nach der angebotenen Wohnung. (Stadtpläne gibt es auch im Internet: www.stadtplandienst.de)
Zeitung mit Wohnungsanzeigen	Das größte Wohnungsangebot für die jeweilige Stadt findet sich in der Regel in den Wochenendausgaben der dort erscheinenden Zeitungen. So gut wie jede größere Zeitung präsentiert ihren Anzeigenmarkt auch auf ihrer Internetseite.
Internetanschluss	Im Internet kann gezielt nach der Traumwohnung recherchiert werden, z. B. auf www.immobilienscout24.de, www.studenten-wg.de oder www.wg-gesucht.de

1:30 Uhr

Hilfe! Seit drei Stunden quäle ich mich am Computer. Angebot groß, aber chaotisch. Meine Schwester und neuer Typ nerven von nebenan.

Lieber Ingo!
Mach die Musik lauter, und überlege dir Folgendes, bevor du ins Netz gehst:

1. Wie viel Miete willst/kannst du zahlen?
2. Wo soll die Wohnung liegen? (Wie kommst du von dort zum Arbeitsplatz/zur Uni?)
3. Wie soll die Wohnung ausgestattet sein? (Wie viele Zimmer, Balkon, Parkplatz etc.?)

Ein Tipp noch: Auch wenn es dein Selbstbewusstsein etwas ankratzt: Es ist immer geschickt, die Mutter/den Vater mit zu einem Besichtigungstermin zu nehmen, das vermittelt dem Vermieter Vertrauen und Liquidität. Vorsicht: Bei einem WG-Platz wäre eine solche Begleitung aber eher kontraproduktiv.

Sonntagnachmittag

Ich liege auf meinem Bett und nehme Abschied. In einem Anflug von Sentimentalität habe ich die Ü-Ei-Sammlung meiner Schwester geschenkt. Samstag letzter Woche bin ich mit meinem Vater nach Ulm gefahren. Drei Wohnungen standen auf dem Programm. Die zweite war ein Traum. Zwei Zimmer, eins kleiner, aber beide hell – ich wusste sofort, wie ich sie einrichten werde. Die Küche ist zwar eng, hat aber dafür einen kleinen Balkon. Das Bad mit Dusche ist nicht gerade eine Wellnessoase, aber fürs Erste ganz akzeptabel. Da die Wohnung nicht weit von meinem neuen Arbeitsplatz liegt, war die Sache gebongt. »Alles klar, dann schicke ich Ihnen den Mietvertrag in den nächsten Tagen mit der Post«, sagte die Vermieterin zu meinem Vater, und für einen Moment fragte ich mich, wer denn nun hier einziehen soll. Aber was solls: Morgen ist die Schlüsselübergabe, den Mietvertrag soll ich unterschrieben mitbringen.

Der Mietvertrag

Ein Mietvertrag regelt eine ganze Menge. Deshalb solltest du ihn unbedingt sorgfältig durchlesen und auf ein paar Dinge achten, bevor du unterschreibst. Die Kaution zum Beispiel. Diese muss nur gezahlt werden, wenn sie im Mietvertrag vereinbart wird. Der Gesetzgeber lässt bis zu drei Monatsmieten als Kaution zu, die man in bis zu drei Raten zahlen kann. Bei der Rückerstattung stehen einem die Zinsen, die für Spareinlagen mit dreimonatiger Kündigungsfrist üblich sind, zu. Darüber hinaus hast du jederzeit das Recht, von deinem Vermieter zu erfahren, wie hoch die Zinserlöse sind. Wenn du die Kaution bezahlst, bietet es sich an, das Geld auf einem Sparbuch anzulegen und es dem Vermieter auszuhändigen.

Es lohnt auch, einen Blick auf das Kleingedruckte im Mietvertrag zu werfen. Wie sieht es mit den Regelungen zu Nebenkosten, Schönheitsreparaturen und Instandhaltungen aus? Du musst Reparaturen nur übernehmen, wenn das auch im Mietvertrag steht. Wenn dort eine Klausel steht, die festlegt, dass du beim Ein- *und* Auszug renovieren musst, so ist das ungültig. Gültig ist die Klausel nur, wenn du entweder beim Einzug *oder* beim Auszug renovieren musst.

Bist du über einen Makler an die Wohnung geraten, so darf der Makler nur dann Kaution verlangen, wenn er dir zu dem Mietvertrag verholfen hat. Sollte der Makler Eigentümer, Vermieter oder Verwalter sein, so steht ihm keine Kaution zu. Auch wenn du in eine Sozialwohnung ziehst, darf der Makler keine Kaution verlangen. Die Provision der Makler ist gesetzlich festgeschrieben und darf nicht mehr als das 2-fache der Nettokaltmiete zuzüglich Mehrwertsteuer betragen.

Handelt es sich bei deinem Mietvertrag um einen befristeten Vertrag, so muss dieser eine Begründung für die Frist enthalten. Es sind vom Gesetzgeber nur drei Gründe erlaubt: erstens, der Vermieter möchte die Wohnung für sich oder nahe Angehörige

verwenden, zweitens, der Vermieter will die Räume abreißen oder grundlegend renovieren oder drittens, er will die Wohnung an Angestellte vermieten.
Bei schwierigeren Mietfragen solltest du dich an den Mieterverein – z. B. www.mieterverein.de – oder an einen in Mietfragen spezialisierten Anwalt wenden.

Das Übergabeprotokoll

Bei der Wohnungsübergabe solltest du unbedingt ein Übergabeprotokoll führen. Darin aufgeführt werden z. B. der Stand der Strom-, Gas- und Wasserzähler, die Anzahl der übergebenen Schlüssel sowie der Allgemeinzustand der Wohnung und eventuelle Mängel. Das Protokoll sollte in zweifacher Ausfertigung von Vermieter und Mieter unterschrieben werden. Ein Exemplar bekommt der Vermieter, das andere ist für deine Unterlagen bestimmt. Nur so kann beim Auszug objektiv entschieden werden, ob ein Schaden während deiner Zeit entstanden ist oder schon vorher bestanden hat.

Montag, 11:00 Uhr

Meine neue Freiheit ist 45 qm groß und müffelt noch etwas. Klar, die Wände benötigen einen neuen Anstrich und geputzt werden muss unbedingt auch. Aber mit einem Kasten Bier als Köder dauerte es keine drei Sekunden, meine Freunde Lars und Benjamin zu überreden, die Seminare an der Uni ausfallen zu lassen und ihrem alten Kumpel zu Hilfe zu eilen.

Super, Ingo! Du willst deine Wohnung auf Vordermann bringen. Das ist eine phantastische Idee, aber besorge dir unbedingt genügend Abdeckfolie und Zeitungspapier, damit du die Wohnung *vor* dem Streichen damit abdecken kannst. Ansonsten bist du *nach* dem Streichen zwei Tage lang mit Putzen beschäftigt. Denk an die Musik, sonst wird euch schnell langweilig beim Streichen. Weiterhin sinnvoll ist eine Leiter und ein Teleskopstab für die Farbrollen. Dann wird die Decke auch bei mangelnder Körpergröße weiß.

Bevor Lars und Beni kommen, gehts also noch zum Baumarkt. Vorher muss ich mir allerdings etwas für die Wände einfallen lassen. Der Vormieter hatte wohl eine Gemäldegalerie, sie sind durchlöchert wie Schweizer Käse.

Wandlöcher stopfen ★★★☆☆

Wenn du hässliche Löcher in der Wand hast: Einfach Papiertaschentücher in die Wand klopfen. Auf diese Weise kannst du Löcher von Nägeln und Dübeln so gut wie unsichtbar machen. Du schnappst dir ein kleines Stück Papiertaschentuch und zwirbelst es kegelförmig zu einer Spitze, die so dick wie das Loch sein sollte. Dann ins Loch stecken, 2–4 mm Überstand lassen und den Rest abreißen. Danach klopfst du das Teil noch mit einem Hammer platt.

Was meint die Jury?

Habs gerade probiert – das gibts ja nicht! – es funktioniert echt!

Ist sogar besser als Zahnpasta. Die dellt nämlich ein, wenn sie trocknet und wird mit der Zeit gelb – der Schrecken aller Maler.

: Noch einfacher geht es mit Watte, sieht auch mehr nach Raufasertapete aus.

: Ich habs auch ausprobiert, allerdings bei roter Tapete, und das sieht nicht so toll aus!

: Wenn man die Taschentücher nass macht, klappts noch besser ;-)

: Ihr wollt mir jetzt nicht im Ernst erzählen, dass ihr mal eben alle ein Taschentuch in die Wand genagelt habt, oder?

: aufdembodenliegundkrummlach

: Das ist endlich mal eine praktische Lösung. Wenn ich mir die Nase putzen muss und gerade kein Taschentuch zur Hand habe, ziehe ich es einfach wieder aus der Wand. Das dürfte vor allem bei kleinen Kindern Eindruck machen; die glauben nämlich, dass ich zaubern kann.

: Funktioniert erst mal, doch wenn dann neu gemalert wird, erkennt man sofort, dass das Loch unsauber ist. Und es erfordert Augenmaß, gerade die richtige Taschentuchgröße zu finden.

: Bei mir sah es aus wie »ein Taschentuch steckt in der Wand«. Habe mir jetzt Moltofill geholt!

17:30 Uhr

Lars und Benjamin kamen vor einer Stunde. Zuerst wollten sie natürlich auf die geilste Single-Wohnung der Stadt anstoßen. Lars meinte dann, er hätte eine Farballergie, und zog sich gleich zum Putzen ins Klo zurück. Nun kommt er nur zum Bierholen raus. Beni raucht noch eine und genießt die Aussicht von meinem Balkon.

20:00 Uhr

Geschafft. Die Wohnung ist weiß und nicht nur die, wir auch. Das heißt eigentlich nur Beni und ich, von Lars habe ich seit einer Weile nichts mehr gehört. Beni findet, wir sollten die Putzerei auf Morgen verlegen und zum gemütlichen Teil des Tages übergehen. Er holt gerade mit meinem letzten Geld noch einen Kasten Bier.

22:30 Uhr

Beni ist bislang noch nicht zurückgekehrt, Lars wahrscheinlich auf dem Klo eingeschlafen. Ich kann die Tür nicht mehr öffnen, höre aber sein Schnarchen. Die Wohnung ist kalt und dunkel (habe vollkommen vergessen, Lampen mitzubringen). So bleibt mir nichts anderes übrig, als irgendwie zu versuchen einzuschlafen, bevor ich aufs Klo muss.

Das-erste-Nacht-in-der-eigenen-Wohnung-Survival-Kit	
Lampe/Glühbirnen	Wenn du nicht im Dunkeln sitzen willst und Strom bereits vorhanden ist.
Teelichter/Kerzen	Falls noch kein Strom vorhanden sein sollte, sorgen Kerzen für eine gemütliche

	Stimmung. Für Unromantiker tuts auch eine Taschen- oder Campinglampe.
Eine Rolle Toilettenpapier	Wird gerne vergessen, kann aber sehr dringend werden.
Reinigungs-utensilien	Es gibt immer was zu putzen: Lappen, Spülmittel, Putzeimer und Küchentücher dürfen auf keinen Fall fehlen.
Etwas zu essen und zu trinken	Hebt die Moral der Putztruppe.
Papier und Stift	Falls es noch Besorgungen zu erledigen gibt oder Reklamationen für den Vermieter zu notieren sind.
Schlafsack und Isomatte/Luftmatratze	Wenn noch kein funktionstüchtiges Bett vorhanden ist.

Samstag, 14:00 Uhr

Von der Arbeitsmoral meiner Freunde enttäuscht – ich warte immer noch auf den Kasten Bier und auf Beni –, setze ich beim Umzug doch lieber auf Verwandtschaft. Mein Onkel Norbert hat einen kleinen Sanitärladen, und nachdem ich mir einen endlosen Vortrag über meine untauglichen Rohre im Bad anhören musste, ist er mit seinem Kleintransporter das zweite Mal nach Hause unterwegs. Dort helfen meine Eltern und meine Schwester (!) (erkannte ich doch letztens in jenem nächtlichen Besucher den Freund ihrer besten Freundin) beim Beladen. Hier ist noch Irene, Rudis Frau, die all die Putzversäumnisse von Beni und Lars doppelt wieder wettmacht.

Komplettlösung – Umzug	
In den Wochen vor dem Umzug	
Adressenänderung	Teile rechtzeitig Versicherungen, Bausparkassen, Krankenkassen, Vereinen deine neue Adresse mit. Überprüfe deine Mitgliedschaften und Abonnements.
Arbeitsamt	Wenn du Bafög und/oder deine Eltern Kindergeld erhalten, solltest du das Arbeitsamt über deinen Umzug informieren.
Bank	Falls deine bisherige Bank nicht in deiner neuen Stadt vertreten ist, ist es sinnvoll, ein neues Girokonto bei einer dortigen Bank zu eröffnen.
Einwohnermeldeamt	Je nach Bundesland musst du dich 7 bis 14 Tage nach deinem Umzug beim dortigen Einwohnermeldeamt anmelden. Bring deine Ausweise und die Abmeldebescheinigung (ggf. deine Kfz-Papiere) mit. (Auf der Website www. meldeaemter.de findest du die Meldestellen größerer deutscher Städte mit ihrem Service.)
HelferInnen engagieren	Schätze den Arbeitsaufwand beim Umzug so realistisch wie möglich ein, damit die Freiwilligen wissen, was auf sie zukommt.

Post	Einen Nachsendeauftrag stellen, damit kein Liebesbrief verloren geht.
Radio- und Fernsehen anmelden	Du willst doch nicht schwarzsehen, oder? Wenn du Bafög erhältst, kannst du dich von den GEZ-Gebühren freistellen lassen.
Strom, Gas	Anmelden, falls es nicht schon der Vermieter gemacht hat.
Telefon-Internet-Anschluss	Kommunikationstechnisch sollte in einem Junggesellenhaushalt alles frühzeitig geregelt sein, aber daran hast du bestimmt schon gedacht.
Umzugsauto leihen oder mieten	Ein Transport mit einem geliehenen Umzugsauto in der passenden Größe kann günstiger und erheblich bequemer sein als zehn Fahrten mit sämtlichen Kleinwagen deiner Freunde.
Verpacken und Beschriften von Umzugsgut	Wer mit System packt, hat hinterher weniger Chaos beim Auspacken. Gegenstände, die in ein Zimmer gehören, kommen in eine gemeinsame mit dem Inhalt beschriftete Kiste (z. B. Gläser/Küche).

Am Tag vor dem Umzug	
Zimmer in der neuen Wohnung analog zu den Kisten beschriften	Je größer die Wohnung, desto arbeitssparender ist es, wenn die Helfer die Kartons gleich dahin stellen können, wo sie später ausgepackt werden sollen.
Verpflegung organisieren	Frag Mutti. Die macht sicher ein paar Brötchen.
Parkplatz für Umzugsauto sperren	Vor allem in Städten erspart das unnötige Laufarbeit und Ärger mit den Nachbarn.
Wenn der Umzug getan ist …	
Namensschilder anbringen	Damit jeder weiß, wer die Frau/der Herr im Haus ist.
Nachbarn begrüßen	Jetzt ist es leicht, einen guten Eindruck zu machen. Das Wohlwollen deiner Nachbarn brauchst du für die nächste Party.

Abends

Der Umzug lief glatt. Innerhalb weniger Stunden hatten wir alles ausgeladen, und die Möbel waren schnell aufgebaut. Gegen halb sechs war es dann so weit, mein Vater klopfte mir gönnerhaft auf die Schultern: »Junge, jetzt wirds ernst«, und fuhr mit Norbert zurück nach Hause. Die Umzugskartons sind auch schon alle ausgeräumt. Nur noch zwei Bücherregale an die Wand. Fertig ist das Paradies.

Lockere Dübel befestigen ★★★☆☆

Wer kennt das nicht: Du willst ein Regal anbringen, und dafür brauchst du Bohrlöcher, Dübel und Schrauben. Aber beim Bohren merkst du, dass das Loch viel zu groß wird, weil die Wand porös ist oder du dich bei der Größe des Bohrers verschätzt hast. Alles kein Problem: Besorge dir eine Heißklebepistole, und mit der klebst du die Dübel in das Loch. Einfach in das Bohrloch zwei bis drei »Spritzer« drücken und den Dübel hinterher. Hält bombensicher. Wenn du zu viel Kleber in das Bohrloch gepumpt hast, ist das auch kein Beinbruch. Einfach den überstehenden Dübel mit einem Teppichmesser abschneiden. Deine Schraube hält immer noch.

Was meint die Jury?

: Wer keine Heißklebepistole besitzt, kann ersatzweise auch gekochten Reis ins Bohrloch stopfen und anschließend den Dübel reindrücken. Sollte man aber nur machen, wenn eine Ersatzbohrung nicht möglich ist, weil der Reis ca. zwei Stunden zum Trocknen braucht.

: Danke für den Tipp, hält tatsächlich bombenfest.

: Es gibt da so Nummern auf den Bohrschrauben, den Dübeln und den Schrauben – ob da ein Zusammenhang besteht? ;-)

: Heißklebepistole hab ich nicht – dafür wohne ich in einem Altbau und kenne das Problem nur zu gut. Richtige Bohrergröße nutzt auch nicht immer was. Leider eiert der Bohrer da oft durch ein Gemisch von Stein, Holz und weiß der Himmel was … Da gibts nicht nur große, sondern auch noch schiefe Löcher.

: Stimmt genau! Wenn das Bohrloch allerdings ein Fass ohne Boden ist, braucht man evtl. doch Hohlraumdübel.

: Falls der Dübel ins Loch passt, aber irgendwie die Schraube zu klein ist (ja, ja, auch das kann vorkommen), dann einfach ein Streichholz in der Mitte durchbrechen und in den Dübel rein, anschließend Schraube rein, und es hält auch.

: Meine Lösung: Spachtelmasse reindrücken, Dübel hinterher, Schraube rein, trocknen lassen, fertig.

: Der Tipp mit der Heißklebepistole ist nicht schlecht, wenn aber die Wand sandig ist, hält auch kein Kleber. Zweckmäßig wäre es dann, das Bohrloch entweder etwas kleiner zu bohren oder anzunässen, anschließend mit transparentem Silikon ausspritzen. Wenn nichts mehr klebt, Silikon hält alles, Dübel rein und fertig.

: Altbaubewohner, für was braucht ihr Dübel im Altbau? Schraube in die Wand gedreht (ohne Bohren und Dübeln), und es hält.

: Wieso dübeln? Kleb das Regal doch sofort an!

Um Mitternacht

Ich sitze in der Küche und esse die letzten Brote, die meine Mutter heute früh geschmiert hat. Ich fühle mich allein und gleichzeitig so frei wie nie zuvor in meinem Leben. Von draußen dringt der Lärm der Stadt in meine Wohnung.

Gute Nacht, Ingo!

LEVEL 1

SPARSCHWEIN

Geh in den Supermarkt und kauf eine Packung Nudeln!

Dienstag, 14:00 Uhr
Hunger!

Lieber Ingo,
du machst wahrscheinlich jetzt zwei für dein weiteres Singleleben elementare Erfahrungen: Erstens, es ist schlecht, wenn man Hunger hat und niemand hat eingekauft, und zweitens, es gibt niemand außer dir, der für dich einkauft.
Du musst also von nun an das Nahrungsmittelmanagement selbst in die Hand nehmen. Allerdings ist Hunger ein schlechter Einkaufsbegleiter. Du wirst deinen Einkaufswagen mit Dingen füllen, die du nicht brauchst, die zu teuer, ungesund oder kompliziert in der Zubereitung sind. Und auf jeden Fall wirst du von all diesen Dingen viel zu viel kaufen. Also, bezähme deinen Kohldampf und erinnere dich daran, was dir deine Mutti früher immer zum Einkaufen mitgegeben hat. Richtig: einen Einkaufszettel, Geld und eine Tasche oder einen Korb. Jetzt fragst du dich sicher: Warum? Weil es Sinn macht. Wir erklären es dir.
Der Einkaufszettel hilft dir, nichts zu vergessen und auch nur das zu kaufen, was du wirklich brauchst. Für die Zukunft solltest du etwas Beschreibbares an einen zentralen Ort in die Küche hängen (Stift nicht vergessen, am besten anbinden). Immer, wenn dir auffällt, dass etwas zur Neige geht oder unbedingt angeschafft werden muss, kannst du es auf deiner Einkaufsliste ergänzen.
Mit einer Tasche oder einem Korb bringst du deine Einkäufe sicher nach Hause. Oder findest du es schick, mit Lidl-, Norma- oder Alditüten durch die Gegend zu rennen, die Geld kosten

und irgendwann im Dutzend deine Küche bevölkern. Und: vergiss die Knete nicht!

1 Stunde später, Abteilung »Teigwaren«

Hungrig, allein und völlig überfordert stehe ich zwischen den Regalen eines Supermarktes. Er ist bestimmt halb so groß wie Ulm. Natürlich war ich schon oft in ähnlichen Läden einkaufen, doch da war immer ein ausgestreckter Finger, der klar den Kurs vorgab: »Hol zwei von der blauen Butter da unten rechts!«, oder ich habe mich gleich in den Gang verdrückt, wo es diese vielen nutzlosen Sonderangebote von der Heckenschere bis zum Bastelkoffer gab. Angst überkam mich als kleiner Junge nur, wenn mich meine Mutter mit »Stell dich schon mal an« an die Kasse schickte. Die Kassiererin vor mir rückte immer näher, und die Schlange hinter mir wurde immer länger und drängender. Nur von meiner Mutter mit dem Geld war weit und breit nichts zu sehen. Jetzt erfüllt mich eine ähnliche Verzweiflung. Oben an der Decke hängt ein Schild: Nudeln & Co. Aber in den drei Meter hohen Regalen befinden sich nicht nur einfach Nudeln, sondern Spaghetti, Farfalle, Orecchiette, Fettucine, Penne, Lasagne, Cannelloni, Tortellini, Ravioli, Maccaroni, Rigatoni, Tagliatelle. Und die alle in Verpackungsgrößen, von verschiedenen Herstellern und mit unterschiedlichen Preisen. Nach dem & Co. frage ich erst gar nicht.

Hallo, Ingo,
aller Anfang ist schwer. Wenn man dir gerade vom Fahrrad die Stützräder abgeschraubt hat, fährst du auch nicht gleich bei der Tour de France mit. Vielleicht gehst du das nächste Mal doch lieber zuerst in einen kleineren Laden. Und trotzdem machst du etwas instinktiv richtig: Du greifst nicht gleich nach den erstbesten Nudeln. Das sind nämlich meist die teuersten. Es lohnt sich, die Preise zu vergleichen und auch oben und unten in den

Regalen zu schauen. Aber wie vergleicht man vernünftig Preise, wenn die Packungsgrößen unterschiedlich sind? Schau mal genau hin: Auf vielen Preisschildern sind die Kilogrammpreise angegeben, die einen genauen Vergleich ermöglichen.

An der Kasse

Einige Kilometer Laufstrecke, etliche Preisvergleiche und eine Genickstarre später schaue ich stolz auf meine Eroberungen. So muss ein Einkauf aussehen! Besonders angetan bin ich von dem vielen Grün. Meine Mutter wäre begeistert, könnte sie all die frischen Lebensmittel sehen!

Vorsicht, Ingo! Man(n) muss beim Einkaufen nicht nur auf Preise, Mengen und Nutzwert achten, sondern auch darauf, wie lange das Gekaufte eigentlich haltbar ist. Ein guter Tipp hierzu: Vorher oder spätestens beim Einkaufen überlegen, wann koche/esse ich was?

Cheat – Einkaufen

Einkaufsliste führen und/oder Einkaufszettel schreiben.

Nie mit leerem Magen einkaufen gehen.

Preise und Mengen vergleichen und sich auch mal bücken.

Gilt vor allem für Frischprodukte: Speiseplan für die nächsten Tage im Kopf haben.

Die Einkaufsmöglichkeit mit Bedacht wählen. Fur den kleinen Einkauf tuts auch mal der Laden an der Ecke. Haltbare Vorratssachen kannst du einmal in der Woche/im Monat beim Discounter holen, Gemüse und Obst gibts auch frisch auf dem Wochenmarkt.

Kassenbon prüfen ★★★☆☆

Trotz ausgeklügelter Kassensysteme kommt es immer wieder vor, dass der Kassenbon fehlerhaft ist. Und auch Kassierer/innen sind nur Menschen und machen Fehler. Deshalb den Bon immer direkt nach dem Einkauf kontrollieren. Wenn zu viel drauf steht, gleich nachhaken. Wenn zu wenig draufsteht, pfeifend nach draußen gehen.

Was meint die Jury?

: Ach nee …

: … beim Kontrollieren auf der Straße nach links und rechts schauen nicht vergessen.

: Ist mir auch schon passiert. Habe mich über die hohe Rechnung gewundert und dann nachgesehen. Da stand dann Chicoree (drei Stück) 27 Euro und einige Cents. Und das zur Chicoree-Zeit. Bin dann zum Filialleiter, der mir erklären wollte, dass die Kasse spinnt.

: Bei mir standen anstelle von 5 Joghurts auf einmal 50 drauf …

: 50 Joghurts hatte ich glücklicherweise noch nicht, aber eine Bekannte hatte 40 Grapefruits auf der Rechnung. Zwei lagen in ihrem Einkaufswagen!

: Ich kann das nur bestätigen, ich gehe sehr häufig große Mengen einkaufen (Großfamilie), und im Schnitt ist jede dritte Rechnung falsch, von doppelt gescanntem Kuchen bis zu Verzehnfachung der Joghurts oder schlichtweg falsche Preise für einzelne Artikel.

- Ein gute(r) Hausfrau/Hausmann weiß schon vor der Rechnung, was der Einkauf kostet.

- Von wegen pfeifend nach draußen gehen: Denkt hier auch mal einer an die Kassiererinnen, die müssen nämlich oft die Fehlbeträge ausgleichen. Also bitte auf beiden Seiten ehrlich sein!

Meisterkoch

Besorg dir einen Topf und bekämpfe die »Mitesser« in der Küche!

Hi, Ingo! Nahrungsmittelmanagement wird in den ersten Wochen einer deiner Lernschwerpunkte sein. Es erfordert eine Menge Übung und Organisationstalent, denn es kommt immer wieder vor, dass du Dinge einkaufst, die du super lecker findest, die dann aber gemütlich im Schrank vergammeln und neue Mitbewohner hervorbringen. Eine weitere Herausforderung im frischen Junggesellendasein ist das Kochen. Einerseits lohnt es nicht, jeden Tag etwas Aufwändiges zu kochen, aber jeden Tag Ketchup mit Nudeln soll es nun auch wieder nicht sein. Damit du möglichst schnell eine schmackhafte Küche hinbekommst, musst du als Erstes zwei Dinge lernen: 1. Lebensmittel richtig aufzubewahren und 2. mit minimalem Aufwand abwechslungsreich und lecker zu kochen. Das sind Fähigkeiten, die über den reinen Sättigungswert auch noch andere Vorteile mit sich bringen. Du glaubst es nicht, wie sparsam die Dame deines Begehrens beim romantischen Candle-Light-Dinner dreinschauen wird, wenn du ihr Fertigpizza auftischst (das ist eben nicht wie beim Italiener, das ist einfach nur arm!). Aus diesem Grund lernst du in diesem Kapitel die Grundlagen, wie du in deiner kleinen, schlecht ausgestatteten Küche länger als drei Tage überlebst.

Töpfe & Co.

Im deutschen Recht ist die sog. Ausstattung des Kindes aus dem Elternvermögen anlässlich der Verheiratung oder Existenzgründung (§ 1624 BGB) geschlechtsneutral. Also Aussteuer kann es auch für Jungs geben. Nur, es existiert kein einklagbarer Anspruch darauf, und in den vielen liberalen Elternhäusern ist Aussteuer sowieso ein Relikt aus Großmutterstagen. So verfügen Erstwohnungsbesitzer zwar in der Regel über den neusten PC, aber über nur wenig Geschirr. Da eine Neuanschaffung ins Geld gehen kann und die Gefahr, teuer am Bedarf vorbeizukaufen, groß ist, sollte man mal bei Omas und Tanten nachfragen, ob nicht die eine Pfanne oder der andere Topf über ist. (Geheimtipp: Schenk deiner Mutter eines dieser Simplify-your-life-Bücher und du hast deine Küchenausstattung zusammen!) In den meisten Fällen sind die Leute froh, wenn sie ihr altes Zeug los sind, und du brauchst das Geld für lohnendere Dinge. Die nächste Frage: Wie viel brauchst du? In der Regel reichen von jedem Gegenstand wenige Exemplare. Je mehr du hast, desto seltener bist du gezwungen zu spülen. Aber: Hast du weniger, werden die Spülberge nicht so hoch und du brauchst weniger Platz, um alles zu verstauen.

Haushalts-Starter-Set

4 große Teller

4 tiefe Teller

4 kleine Teller

4–6 Gläser

4 Tee- oder Kaffeebecher

je 4 Messer, Gabeln und Löffel (klein/groß)

1 Topf mit Deckel

1 Pfanne mit Deckel

1 Schüssel (z. B. für Salat)

1 Schöpflöffel

1 Pfannenwender

1 Kaffeemaschine

Mit diesem Inventar lässt es sich fürs Erste ganz gut leben. Schnickschnack wie Kuchengabeln, Reibeeisen und Schneebesen sind am Anfang deiner Karriere als Jungkoch eher unwichtig, lassen sich aber nach und nach in der Verwandtschaft oder im Freundeskreis sehr gut zusammenschnorren. Hohen Prestigewert haben Mörser und Stößel, Wiegemesser oder Spaghettimaß. Aber bevor du Einladungen zum Essen aussprichst, müssen dir die nötigen Kochkünste antrainiert werden.

Butter & Brot

Es gibt ein paar Lebensmittel, die in jede Küche gehören. Sie bilden die Grundlage deiner Ernährung. Mit ihnen hast du immer irgendetwas im Haus, das den ersten Hunger stillt. Das sind:

Brot
Butter
Wurst
Käse
Marmelade/Honig, Nougat-Nuss-Brotaufstrich
Müsli und/oder Cornflakes
Milch
Äpfel (oder sonst ein Obst deiner Wahl)
etwas Gemüse (Gurken, Tomaten etc.)
Zucker
Salz
Pfeffer
Ketchup

Kaffee/Tee/Kakao
Kaltgetränke

Es sind alles Lebensmittel, die nicht gekocht werden müssen. Sie eignen sich also perfekt für ein energiespendendes Frühstück oder ein schnelles Abendessen oder für den Hunger zwischendurch.

Kochkurs Level 1
Zubereitung der Grundnahrungsmittel

Nudeln, Reis und Kartoffeln lernst du hier zubereiten und wie sie in Kombination mit der richtigen Sauce richtig lecker schmecken.

Nudeln

Jeder hat schon einmal Nudeln gekocht. Aber wie kocht man sie richtig? Wie werden sie »al dente«? Das Geheimnis ist schnell gelüftet. Wasser mit Salz zum Kochen bringen. Dabei ist es egal, ob du das Salz gleich in das kalte oder erst in das kochende Wasser gibst. Kocht das Wasser, schüttest du die Nudeln hinein. Gib etwas Öl hinzu und schalte den Herd auf die niedrigste Stufe. Das Öl sorgt dafür, dass die Nudeln nachher nicht zusammenkleben. Den Deckel nicht auf den Topf setzen – ansonsten besteht die Gefahr, dass das Wasser überkocht. Fisch dir nach ca. 10 Minuten (genaue Zeitangabe steht auf der Nudelpackung) eine Nudel heraus und probiere sie. Bei Spaghetti gestaltet sich dieses Vorhaben oftmals etwas schwieriger, da die lange Nudel gerne wieder in den Topf flutscht. Ein kleiner Tipp: Nimm ein ganz normales Messer mit geriffelter Schneide. Mit der Schneide nach oben kannst du ganz bequem eine Spaghetti-Nudel herausangeln. Haben die Nudeln den richtigen Biss, schütte sie in ein Sieb oder gieße das Wasser ab, indem du den Deckel auf dem Topf lässt und durch einen kleinen Spalt das Wasser ablaufen lässt. Wenn du möchtest, kannst du die Nudeln danach im Sieb aufschütteln. Und voilà – jetzt hast du phantastische Nudeln.

Reis

Eine wunderbare Alternative zu Nudeln ist Reis. Er ist genauso schnell gekocht wie die Nudeln und bietet eine Abwechslung zum italienischen Exportschlager. Vergiss den Beutelreis. Nimm losen Reis, schütte pro Tasse Reis anderthalb bis zwei Tassen Wasser zu-

sammen in den Topf. Wenn das Wasser kocht, schalte die Temperatur herunter und lass den Reis leicht köcheln, bis das gesamte Wasser vom Reis aufgesaugt worden ist. Für eine Person reicht eine Tasse Reis. Es bietet sich aber an – wie auch bei den Nudeln –, etwas mehr zu kochen. So hat man für den nächsten Tag auch gleich eine ordentliche Portion. Energiesparer können das Wasser mit dem Reis aufkochen lassen, den Topf vom Herd nehmen und unter die Bettdecke stellen. Dort gart er fertig und wird nie anbrennen.

Kartoffeln

Kartoffeln sind in Single-Haushalten nicht allzu oft anzutreffen. Dennoch sind sie das wohl wandlungsfähigste unserer drei vorgestellten Grundnahrungsmittel. Man kann sie in vielen Varianten zubereiten, und der Aufwand dabei hält sich in Grenzen. Für Salzkartoffeln nimmst du dir – wer hätts gedacht – ein paar Kartoffeln, schälst und viertelst sie (oder auch nicht), gibst sie mit etwas Salz in einen Topf, der mit ca. 4–5 cm Wasser gefüllt ist. Nach ca. 25 Minuten Kochzeit sind die Kartoffeln fertig. Prüfen kannst du das, indem du mit einer Gabel in eine Kartoffel stichst. Ist sie weich, sind die Kartoffeln gar. Kartoffeln mit grünen Flecken solltest du nicht essen. Sie enthalten viel Solanin, einen toxischen Pflanzenstoff. Grüne Kartoffeln also immer aussortieren. Solanin ist hitzestabil, sodass auch Kochen und Braten nichts hilft.

Nicht immer nur Ketchup – leckere Soßen

Aus Nudeln, Reis und Kartoffeln wird mit einer Sauce schnell ein richtiges Essen. Hier einige Rezepte, die für den Koch-Newbie schnell zu kapieren sind. Die Gerichte schmecken auch aufgewärmt am nächsten Tag noch gut.

Tomatensoße

Fangen wir mit dem Klassiker an. Mit wenigen Tricks und Kniffen kann man eine leckere Tomatensoße zaubern.

Variation 1:

Für die wohl schnellste Tomatensoße der Welt brauchst du lediglich

1 kleine Packung H-Sahne
1 Dose geschälte (Pizza-)Tomaten
Salz, Pfeffer und ein paar Kräuter (zum Beispiel Basilikum)

Die Tomaten haust du in eine Pfanne und zermanschst sie. Dann streust du ordentlich Salz, Pfeffer und Kräuter drüber. Danach gibst du noch ungefähr die halbe Packung Sahne hinein und kochst das Ganze ungefähr 5 Minuten. Wer Lust hat, kann die Soße natürlich noch etwas verfeinern, zum Beispiel mit Erbsen. Eine Prise Zucker macht die Tomaten noch schmackhafter.

Variation 2:

Die zweite Variante kommt ohne Sahne aus. Wenn du also auf deine Linie achten willst, ist das hier genau das Richtige für dich: Du benötigst

einen halben Liter passierte Tomaten
etwas Tomatenmark
1 Zwiebel
Kräuter, Salz, Pfeffer
Honig
und Olivenöl

Die Zwiebel in Würfel schneiden und mit etwas Öl anbraten. Die passierten Tomaten hinzu, die Flamme kleiner stellen (Spritzgefahr), Tomatenmark unterrühren, mit Honig, Salz und Pfeffer sowie einem Schuss Olivenöl und Kräutern abschmecken, fertig.

Allround-Soße (passt am besten zu Pasta)
Es ist manchmal erschreckend, wie wenig Zutaten man für eine leckere Soße braucht. Schau dir das mal an:

1 Becher Sahne
1 Brühwürfel
Salz, Pfeffer und eine Prise Parmesan
Mehl oder Soßenbinder

Die Sahne schüttest du in einen Topf. Als Nächstes gibst du den Brühwürfel zusammen mit Salz, Pfeffer und einer Prise Parmesan hinzu. Das Ganze kochst du kurz auf. Etwas Mondamin-Fix-Soßenbinder oder etwas Mehl binden das Ganze. Falls du Feinschmecker werden willst, gibst du noch Lachs oder Krabben mit in die Soße, mit der du jede Nudelvariante beglücken kannst.

Knoblauch-Spaghetti
Wenn dir naserümpfende Menschen am nächsten Tag nichts ausmachen, kannst du auch gerne mal Knoblauch-Spaghetti ausprobieren.

Spaghetti, wie gelernt kochen
1 Zwiebel
4 Knoblauchzehen
ca. 50 g Tomatenmark
Oregano, Basilikum, Salz, Pfeffer

Die klein gehackte Zwiebel und die zerkleinerten Knoblauchzehen mit etwas Olivenöl anbraten. Tomatenmark rein und mit den Gewürzen abschmecken. Die gekochten Spaghetti schmeißt du mit in den Topf und rührst alles um. Falls du es scharf magst, gibst du noch Chili oder Tabasco mit dazu.

Carbonara
Eine leckere Schinken-Sahne-Soße ist ebenfalls schnell gemacht und sorgt für Abwechslung. Du brauchst für zwei Personen:

1 Becher Sahne (ca. 200 g)
50 g Crème fraîche oder Schmand

50–100 g Speck
2 Zehen Knoblauch
40 g Parmesan
Salz und Pfeffer

Den Speck (gibts schon gewürfelt zu kaufen) und die klein gehackten Knoblauchzehen im Topf anbraten. Mit der Sahne und dem Schmand ablöschen und den Parmesan reinschütten. Alles einköcheln lassen. Gourmets bestreuen den Teller noch mit gehackter Petersilie.

Spinat

Um Nudeln, Reis oder Kartoffeln aufzupeppen, solltest du dir mal eine Packung Spinat aus der Tiefkühltruhe zulegen. Den Spinat nach den Angaben auf der Packung zubereiten und mit Salz, Pfeffer und Muskat abschmecken. Dann über die Nudeln, den Reis oder die Kartoffeln geben und zum Schluss Feta-Käse darüber zerbröseln. Einfach genial.

Fertigprodukte aufmotzen

Nicht immer hat man Zeit und Lust, etwas zu kochen. Für solche Fälle gibt es eine offiziell unter Junggesellinnen und Junggesellen anerkannte Methode, die schnell zu guten Ergebnissen führt: Man nimmt ein Fertigprodukt aus dem Supermarkt und »tuned« das Ganze mit ein paar Zutaten.

Fertigpizza

Damit die Pizza nicht wie Pappkarton schmeckt, pinsele den Rand vor dem Backen mit etwas Speiseöl ein, damit er schön knusprig wird. Hast du keinen Pinsel zur Hand, tuts auch ein Küchentuch. Wenn du deine Pizza selbst belegen willst, aber zu faul oder unfähig bist, einen Pizzateig zu bereiten, gibt es den Teig auch mit Tomatensoße fertig zu kaufen. Den Teig muss du dann nur noch

auf ein Backblech auslegen, die Tomatensoße darauf verteilen und mit den Lieblingszutaten wie zum Beispiel Schinken, Salami, Ananas etc. belegen. Danach noch Käse darüber und ab in den Backofen (Einstellungen stehen auf der Packung).

Pimp my Tütensuppe

Für fortgeschrittene Köche sind Tütensuppen und Co. tabu. Trotzdem sind sie für den Single-Haushalt ziemlich gut zu gebrauchen, denn in deiner Küche sind exotische Kräuter und Gewürze, Töpfe, Pfannen, Küchenmaschinen, Zeit, Lust und ein Privatkoch Mangelware. Außerdem halten sich diese Instant-Packungen mehrere Jahre. Es kommt immer wieder vor, dass Studenten sich kurz vor dem Diplom noch eine Instant-Suppe aus dem ersten Semester kochen.

Tütensuppen schmecken gleich wesentlich besser, wenn du zum Beispiel eine Tomate würfelst und kurz mitkochst oder Petersilie mit in die Suppe gibst. Deiner Phantasie sind dabei keine Grenzen gesetzt. Lauch, Basilikum und ein geschlagenes Ei eignen sich ebenfalls hervorragend als »Tuner«.

Fertigsoßen lassen sich ebenfalls aufpeppen, indem du zum Beispiel eine Rahm- oder Bratensoße mit einer Prise Salz und Pfeffer, einem Schuss trockenem Rotwein (oder Zitronensaft) und einem Esslöffel Schlagsahne verfeinerst.

Tolle Soße für die Nudeln ★★★★☆

In den Küchenschränken von Junggesellen sieht es meist folgendermaßen aus: viele Nudeln, aber ansonsten gähnende Leere. Mein Tipp: Einfach mal eine Tütensuppe zu den Nudeln kochen. Vor allem, wenn mehr als nur eine Person Hunger hat. So eine Waldpilz-Instant-Suppe macht aus normalen Spaghetti ein richtiges Geschmackserlebnis.

PS: Funktioniert auch mit Reis ganz ausgezeichnet.

Was meint die Jury?

Nicht viel anders mach ich es seit einer Ewigkeit, man kann viel experimentieren. Also ausprobieren, kann ich nur sagen!

Klar, mit den ganzen Geschmacksverstärkern in den Tütensuppen und Fertigsoßen kann man das Zeug weghauen wie Kartoffel-Chips ;-)

Probiert mal Folgendes, ihr Banausen: Zwiebeln und Knoblauch anschwitzen, fünf klein geschnittene Tomaten drauf. Eine halbe Stunde köcheln lassen und mit Salz, Pfeffer und einem Schuss Sherry abschmecken. DAS ist eine Nudelsoße!

Selber Banause. Es geht doch offensichtlich um eine Nudelsoße aus »Studenten-Zutaten«. Und da jeder weiß, dass Tomaten bei Studenten meist mit einer weißen Schimmelschicht überzogen sind, haut dein Vorschlag schon mal nicht hin …

Da kann man dann natürlich nichts machen. Also guten Appetit bei der vollsynthetischen Nudelsoße.

Mein Topfavorit: Einfach ein rohes Ei drüberhauen, dafür lass ich sogar meine Kräutertomatensoße stehen.

Pfui Teufel, kann ich da nur sagen! Ich schlage vor: Olivenöl erwärmen, zerquetschten Knoblauch und fein geschnittenen Chili dazu, salzen, pfeffern (frisch gemahlener Pfeffer)! Kostet sicher keinen Euro mehr und ist sehr lecker.

Die Zeiten, in denen »gähnende Leere im Kühlschrank« bedeutete, dass da wirklich nur noch eine angebrochene Packung H-Milch drin ist, sind bei dir wohl schon länger vorbei, oder? Bei mir nicht, deshalb danke für den Tipp :-)

Noch mehr Rezepte!

Damit Abwechslung in deinen kulinarischen Alltag einzieht, gibts jetzt noch ein paar Rezepte, die selbst der größte Kochidiot hinbekommt.

Hawaii-Toast

Der Schlager aus den 70-er Jahren, ist wieder absolut modern und mischt jede DVD-Session auf. Der Toast ist schnell zubereitet, man benötigt wenige Zutaten und man kann ihn mit den Fingern essen.

So läufts:

Toastbrot (für 3–4 Personen reicht eine Packung)
Käse (z. B. Gouda)
gekochter Schinken
Ananas (auch möglich: Tomaten, Spargel oder Pilze)

Du bestreichst die Toasts mit etwas Butter, legst eine Scheibe gekochten Schinken, eine Scheibe Ananas und Käse drauf. Die Toasts auf ein Backblech legen und ab in den Backofen. Nach ein paar Minuten, wenn der Käse goldbraun wird, die Toasts herausnehmen. Schmeckt auch kalt noch urgut.

Kartoffelbrei mit Wasabi

Im Asia-Laden kaufst du Wasabi, diese grüne japanische Meerrettichpaste, und mischst sie einfach unter den Kartoffelbrei. Aber Vorsicht – Wasabi ist höllisch scharf. Ruckzuck speit man Feuer. Deshalb solltest du unbedingt mit einer Messerspitze anfangen und dich langsam zur Schmerzgrenze steigern. Dazu passt eigentlich jede Art von Fleisch. Übrigens: Wasabi macht sich in einer Menge von Gerichten ziemlich gut. Die Tube nimmt nicht viel Platz im Kühlschrank weg – also öfter mal experimentieren.

Leberkäse

Leberkäse gibts beim Metzger oder im Supermarkt. Einfach ein paar Scheiben in die Pfanne legen und anbraten. Wenns schnell gehen soll, bieten sich als Beilage eine Pellkartoffel an oder für ganz Eilige fertiger Krautsalat. Dann schmeckt es fast wie in einem bayerischen Haxenkeller.

Maultaschen

Die schwäbische Spezialität gibt es inzwischen fest verschweißt im Kühlregal. Auch sie eignet sich hervorragend als schnelle Mahlzeit für eine Person. Meistens sind sechs Maultaschen in einer Packung. Das reicht normalerweise für einen guten Esser aus. Du kannst sie zum Beispiel in einer einfachen Gemüsebrühe warm machen. Wenn du Lust und Zeit hast, kannst du noch Gemüse wie Karotten und Lauch hineinschneiden. Eine andere Möglichkeit ist, die Maultaschen zu »schmelzen«. Einfach eine gewürfelte Zwiebel anbraten, die Maultaschen klein geschnitten hinzugeben und anbraten. Kurz bevor alles fertig ist, haust du noch zwei Eier drüber.

Nudelpfanne

Dieses Essen lässt sich schnell kochen und kann am nächsten Tag nochmals aufgewärmt werden.
Zutaten für 2 Personen oder für 1 Person für 2 Tage:

500 g Nudeln (beliebiger Wahl)
1 Zwiebel
100 g Kräuterbutter
250 g Tiefkühl-Gemüse

Während die Nudeln kochen, schälst und würfelst du die Zwiebel und dünstest sie in einer Pfanne an. Als Nächstes kommt das Gemüse hinzu. Nach drei Minuten haust du die Kräuterbutter und die Nudeln in die Pfanne. Das Ganze nochmals drei Minuten dünsten. Wer es würzig liebt, gibt noch etwas Speck hinzu.

Nudelquickie

Wenn du mal auf einer Grillparty ohne großen Aufwand Eindruck schinden willst, ist hier das Rezept für den schnellsten Nudelsalat der Welt. Du benötigst:

500 g Nudeln
1 Glas Mayonnaise
2 Gläser Puszta-Salat (gibts in fast jedem Supermarkt.)

Wie du die Nudeln perfekt kochst, weißt du jetzt ja. Die abgekühlten Nudeln gibst du in eine Schüssel und kippst die Mayonnaise und den Puszta-Salat dazu. Einmal kräftig herumrühren und fertig ist der Nudelsalat. Du musst ja keinem erzählen, dass du das Zeug nicht geschnibbelt hast …

Pizza-Baguette

Genauso schnell gehen Pizza-Baguettes. Beim nächsten Einkauf nimmst du dir ein paar Brötchen zum Aufbacken mit. Zu Hause halbierst du die Brötchen und schmierst Ketchup oder Tomatensoße (es geht auch Pesto) auf die Hälften. Diese kannst du dann mit Salami, Schinken, Pilzen und was dir sonst noch so einfällt belegen. Zum Schluss mit Käse bestreuen, ein paar Gewürze wie Pfeffer, Salz und Oregano (gibt den unverwechselbaren Pizza-Geruch) darauf streuen und ab in den Backofen. Ist der Käse goldbraun, holst du alles wieder raus und genießt.

Rührei de luxe

Für eine gemütliche Portion brauchst du:

4 Eier
1 EL Butter
50 g Frischkäse
1 Zwiebel
1 geräuchertes Lachs- oder Forellenfilet (oder aber auch Krabben oder Schinken)
Salz, Pfeffer
wenn möglich Dill

Die Eier in eine Schüssel schlagen und verrühren. Den Fisch ggf. in Streifen schneiden und ebenfalls hinzugeben. Als Nächstes bahnst du dem Frischkäse und der gewürfelten Zwiebel den Weg in die Schüssel. Mit Salz, Pfeffer und eventuell mit Dill würzen und alles durchmengen. Herd ein, Pfanne drauf, Butter rein, Rührei dazu und so lange rühren, bis alles zwar fest, aber dennoch flockig ist.

Sandwichmaker

Falls du Sandwiches magst, kauf dir einen Sandwichmaker. So ein Gerät ist öfter mal im Angebot und kostet zwischen zehn und zwanzig Euro. Du glaubst gar nicht, welch leckere Sandwiches du damit zaubern kannst. Käse und Toast bekommst du in jedem Lebensmittelmarkt. Danach sind deiner Phantasie keine Grenzen gesetzt. Schinken, Salami, Pilze, Salat, Bananen, Paprika, Zwiebeln. Einfach aufs Sandwich, für ein paar Minuten in den Sandwichmaker, vorsichtig herausholen und genießen. Perfekt für ein schnelles leckeres Abendessen vor dem Fernseher. Aber Vorsicht: Die Füllung ist sehr heiß. Verbrennungsgefahr!

Zwiebel-Champignon-Toast

Wenn wir schon bei der deftigen Küche sind, ist auch folgendes Rezept nicht schlecht. Es geht schnell und du brauchst:

1 Dose Champignons
1 Zwiebel
3 Scheiben Toastbrot
etwas Salz und Pfeffer

Zuerst würfelst du die Zwiebeln grob. Dann erhitzt du etwas Öl in einer Pfanne und kippst die abgeschütteten Pilze hinein. Nach einer Minute folgen die Zwiebeln. Sobald alles schön braun ist, toastest du das Brot, würzt die Pilzpfanne ordentlich mit Pfeffer und Salz und bedeckst damit die Toastbrote.

Lebensmittel aufbewahren

In nicht wenigen Single-Haushalten, Studenten-WGs und ähnlichen Orten des Grauens fängt die Küche in kürzester Zeit an zu leben. Schimmel und Ungeziefer fühlen sich dort pudelwohl. Deshalb müssen auch Haushaltslegastheniker so schnell wie möglich lernen, wie Lebensmittel richtig gelagert werden.

Kühlschrank

Generell gehört alles, was du aus dem Kühlregal kaufst, in deinen Kühlschrank. Obst hält sich auch länger frisch, wenn du es in den Kühlschrank steckst.

Brot

Ein sehr williger Schimmel-Kandidat ist das Grundnahrungsmittel Nummer eins: Brot. Vor allem in Haushalten mit wenigen Bewohnern verkommt es schnell zum Nährboden für Schimmelkolonien. Doch Brot hat nichts im Kühlschrank verloren. Dort wird es nur noch schneller trocken. Brot bleibt länger frisch, wenn du es in einer Plastiktüte oder – noch besser – in einer Brotbox aufbewahrst. Eine weitere Möglichkeit, Brot aufzubewahren, ist, es einzufrieren, vorausgesetzt, man verfügt über ein Tiefkühlfach. Besonders in Single-Haushalten hat sich folgende Methode bewährt: Das Brot, das du bereits beim Bäcker schneiden lässt, legst du in einem Gefrierbeutel ins Tiefkühlfach. Wenn du Lust auf Brot hast, »brichst« du dir ein paar Scheiben heraus und steckst sie in den Toaster. Mit dieser Methode hast du ständig frisches Brot im Haus. Falls du keinen Toaster hast, kannst du das Brot auch ganz normal auftauen lassen oder in den Backofen legen.

Tiefkühlen

Außer Pizza und Pommes gibt es noch eine Menge anderer Lebensmittel, die sich in der Tiefkühltruhe eines Lebensmittelgeschäfts finden. Vielleicht nimmst du dir ja das nächste Mal tiefgefrorenes

Gemüse mit, das weitaus besser als sein Ruf ist. Es ist nahezu so vitaminreich wie frisches Gemüse und schlägt seine Kollegen aus der Konservenbüchse in Sachen Vitaminanteil um Längen. Die Zubereitung ist einfach (schon deshalb, weil es auf der Verpackung steht). Weiterhin kannst du natürlich so ziemlich alles in einem Gefrierbeutel einfrieren, was du im Kühlschank liegen hast. Doch achte darauf, dass du die Lebensmittel richtig portionierst. Sollte dir ein gefrorener Hackfleischblock dennoch einmal zu groß geraten sein, lässt sich dieser kinderleicht mit einer Axt oder einer Kettensäge in gebräuchliche Portionen teilen. Wer beides nicht zur Hand hat, muss nicht gleich kapitulieren. Die Stiftung Warentest hat darauf hingewiesen, dass du trotz gegenteiliger Angaben auf der Verpackung Angetautes wieder einfrieren kannst, solange es nicht zu lang hohen Temperaturen ausgesetzt war. Dies ist auf jeden Fall hygienisch sicherer als das weitere Aufbewahren im Kühlschrank. Die Ware ist ja durch das Auftauen nicht verdorben.

Hackfleisch geschickt einfrieren ★★★★★

Das frische Hackfleisch in einen Gefrierbeutel geben und die ganze Luft rauslassen, dann gut verschließen (z. B. mit einer Vakuumschweißmaschine, wenn du eine hast). Danach das Ganze in der Tüte platt drücken (ca. 0,5–1,0 cm) und ins Gefrierfach legen. Hat den Vorteil, dass es schneller einfriert und auch schneller wieder auftaut (ca. nach einer Stunde, der ganze Klumpen dauert wesentlich länger).

Was meint die Jury?

: Wenn man keine Vakuummaschine hat, einfach mit dem Mund die Tüte etwas Luft absaugen und schnell zudrehen.

: Noch besser funktioniert das Luftabsaugen mit einem Strohhalm.

: Praktisch ist auch, wenn man in das platt gedrückte Hackfleisch vor dem Einfrieren mit der Handkante Rinnen drückt, dann kann man es ggf. gefroren besser portionieren (durch Abbrechen).

: Wenn du Hackfleisch meist für Chili con Carne, Lauchsuppe, Lasagne oder Bolognesesoße nutzt, probiere meinen Einfriertipp: Kauf Hackfleisch im Angebot. Zwiebeln hacken – bei Bedarf auch Knoblauch. Alles anbraten und dann einfrieren. Was die Hygiene betrifft, ist man auf jeden Fall auf der sicheren Seite. Die oben genannten Gerichte sind dann immer schnell gemacht, da mehrere Arbeitsgänge wegfallen – weniger Arbeit, weniger Müll, schneller und preiswerter.

: Ich kaufe frisches Hack, bereite Frikadellen und brate sie fertig. Dann lasse ich sie abkühlen und friere sie ein. Bei Bedarf entnehme ich nun die Frikadellen, erhitze Fett in einer Bratpfanne, füge Zwiebelringe bei und lege die noch gefrorenen Frikadellen oben drauf. Unter einem Deckel lasse ich alles bei geringer Hitze langsam anbrutzeln!

: Fertig gebratene und dann eingefrorene Frikadellen schmecken nach kurzer Zeit nicht mehr. Ich friere die fix und fertig gewürzten Frikos roh ein (auch mit Zwiebeln). Gefroren in eine nicht zu heiße Pfanne, je nach Dicke 25 bis 30 Minuten braten – ein Genuss!

PUTZTEUFEL

Bezwinge den Staubsauger!

»Wissenschaftliche Studie beweist: Männer, die putzen, haben mehr Sex!«, weiß die BILD-Zeitung und beschreibt Putzen als »sensationelles Wisch-und-weg-Rezept gegen Probleme im Ehebett«. Nichts wirkt so sexy und attraktiv wie ein Mann, der Staub saugt, den Müll rausbringt oder das Klo putzt. Glaub es einfach!

Welcher Putztyp bist du?

Wie oft wischst du Staub?

Täglich.	10 Punkte
Ich warte immer, bis ich darin meinen Namen schreiben kann.	0 Punkte
Einmal in der Woche.	5 Punkte
Ich habe gehört, dass sich Staub nach einem Jahr nicht mehr vermehrt.	0 Punkte

Mit was putzt du das Klo?

Mit Handschuhen, Sagrotan und einem Einweglappen.	10 Punkte
Ich habe eine WC-Spülung!	0 Punkte
Bei Bedarf mit der Bürste und Klopapier.	5 Punkte
Wo ist eigentlich der Spüllappen?	0 Punkte

Wie oft putzt du deine Fenster?

Wenn meine Mutter kommt.	0 Punkte
Jede Woche.	10 Punkte

Wenn es im Sommer um 12 Uhr noch dunkel ist.	0 Punkte
Wenn ich die Rahmen streiche.	5 Punkte

über 25 Punkte	Mr. Proper!
über 10 Punkte	Na ja.
unter 10 Punkte	Schlamper!

Samstag, 10:00 Uhr

Wenn ich früher freitags aus der Schule nach Hause kam, stand immer das ganze Haus Kopf. Im Flur versperrten Stühle den Durchgang, die eigentlich ins Esszimmer gehörten, in der Küche stapelten sich leere Getränkekisten und Altpapier, diverse Putzeimer auf dem Boden verhinderten den direkten Zugang zum Kühlschrank. Das Wohnzimmer hatte sich bis auf wenige Möbel ins angrenzende Esszimmer verlagert. Alle Fenster standen selbst bei frostigen Temperaturen sperrangelweit offen. Und mittendrin im ganzen kalten ungemütlichen Chaos wirbelte meine Mutter, saugte Staub, rief mir zu, dass es erst heute Abend warmes Essen gibt, und telefonierte gleichzeitig mit meiner Oma oder einer Freundin. So war es Woche für Woche. Ich fischte dann irgendetwas zu essen aus dem Vorratsschrank und verflüchtigte mich schnellstmöglich in mein Zimmer.

Nun denke ich bewundernd an meine Mutter, denn sie hatte einen Plan, jedenfalls sah sie nie so verzweifelt aus, wie ich mich heute fühle. Seit drei Wochen wohne ich in meiner neuen Wohnung. Nach dem Umzugsstress und einer gemütlichen Einzugsparty benötigt sie nun eine Generalüberholung. Doch wo nur soll ich anfangen?

12:30 Uhr

Ich beschließe, mit dem Saugen anzufangen. Das macht noch am meisten Spaß. Doch, wo nur ist der Boden, den ich saugen will? Also Staubsauger wieder aus und zuerst aufräumen. Dabei finde ich einen meiner sehnlichst vermissten roten Lieblingssocken wieder.
Nachdem ich das erste Zimmer gesaugt habe, zerre ich meinen Sauger hinter mir her in Richtung Schlafgemach. Idiot, fluche ich, jetzt muss ich dieselben Sachen, die vorhin schon im Wohnzimmer den Bodenbelag bildeten, wieder wegräumen. Den Großteil der Sachen könnte ich ja gleich richtig aufräumen, denke ich und betrachte das Vielerlei. Es sind sehr verschiedene Sachen, und mir fällt wieder ein, warum ich sie noch nicht an ihren Platz geräumt habe. Ich kenne ihn nicht. Doch! Mir fällt er gerade wieder ein: neben dem Kleiderschrank, zu den vielen anderen heimatlosen Dingen. Nach einigen Auf- und Wegräum-, Weg- und wieder Hinstell-, Hoch- und Runterlass-Aktionen habe ich meine komplette Wohnung gesaugt. Endlich.

15:00 Uhr

Wie zur Hölle hält das meine Mutter aus? Putzen ist öde, anstrengend und absolut unproduktiv. Nachdem ich Schränke und Tische entmüllt habe, könnte ich gerade wieder mit Saugen anfangen.

High-Tech-Putzen ★☆☆☆☆

Wenn du das ewige Staubwischen satt hast, bau dir einen großen Kondensator in dein Zimmer. Am besten je eine große Metallplatte an jeder Seite des Zimmers, und jede Platte an einen Pol einer starken Gleichspannungsquelle anschließen. Wie groß die Spannung sein muss, hängt vor allem von

der Größe des Zimmers ab, aber sie darf nicht zu hoch sein, damit es bei hoher Luftfeuchtigkeit keinen Überschlag gibt. Bei einem 3x4-Meter-Zimmer reichen 80 bis 90 Kilovolt. Einmal pro Woche den Kondensator kurz abschalten und den aufgesammelten Staub von der Platte wischen.

Was meint die Jury?

: Super. Beseitigt nicht nur Staub, sondern auch ungebetene Gäste.

: Ungefährlicher ist dieser Tipp: Einfach den Staub liegen lassen und darauf herumtrampeln. Sobald sich eine 2,5 Zentimeter dicke Schicht gebildet hat, kann man die Staubdecke zusammenrollen und vor die Tür stellen. Variation: Grassamen drauf und hin und wieder anfeuchten. Dann lässt sich die Rolle als Zuchtrasen wunderbar ans nächste Fußballstadion verkaufen.

: Für Häuslebauer: Beim Bau der Wohnung darauf achten, dass der Estrich, der heute immer auf einer Schalldämmung liegt, mit leichtem Gefälle zu einer Zimmerecke eingebaut wird. Später wird der Estrich mit einem ausreichend starken Vibrator verbunden. Der Schmutz und Staub wird sich durch die Vibrationen in die Ecke bewegen. Dort kann er dann leicht aufgenommen werden.

Guter Ingo,
Leider ist Putzen nicht ganz so leicht, wie du es gern hättest (auch wenn uns das die Werbung immer wieder weismachen will), aber es gibt doch ein paar Dinge, die einem helfen, den Haushalt in Schuss zu halten. Vorrausetzung sind die richtigen Putzutensilien. Um deine Wohnung in einem annehmbaren Zustand zu halten, benötigst du folgende Dinge:

Putztücher und -lappen
gibt es in jedem Supermarkt. Eine Packung enthält in der Regel gleich mehrere dieser Wunderwaffen, so dass du das Klo nicht mit dem gleichen Lappen putzen musst wie deine Teller. Putztücher kannst du überall im Haushalt einsetzen. Mit ihnen spülst du dein Geschirr, wischst glatte Flächen wie zum Beispiel Tische oder Arbeitsflächen. Mit den Putzlappen oder speziellen Wischtüchern reinigst du den Boden.

Putzeimer
Frag mal Mutti, die hat hundertprozentig einen für dich. Den brauchst du unbedingt. Da kommt nämlich dein Putzwasser rein.

Reinigungsmittel
benötigst du zu Beginn deiner Putzkarriere nur wenige. Das Wichtigste ist Spülmittel, mit dem du nicht nur spülen, sondern auch nahezu alle anderen Reinigungsaufgaben im Haushalt erledigen kannst. Einfach etwas Spülmittel in den mit lauwarmem Wasser gefüllten Putzeimer geben, und du kannst sämtliche glatten Flächen in der Wohnung damit abwischen. Für hartnäckigere (Fett- und Kalk-)Flecken lohnt sich ein Allesreiniger (z. B. Citrusreiniger). Sei sparsam mit Reinigungsmitteln. Nicht, dass sie die Welt kosteten, aber dein Karma steigt, wenn du der Umwelt weniger Chemie zumutest.

Schrubber, Besen, Handfeger und Kehrschaufel
brauchst du, um glatte Bodenflächen sauber zu halten. Zuerst kehrst du den Dreck zusammen (manche setzen dafür auch den Staubsauger ein), dann wischst du mit einem Putzlappen oder Wischmopp nach.

Staubsauger
Einmal in der Woche saugen ist die halbe Miete im Kampf gegen den Schmutz in der Wohnung. Dieses Gerät (mit verschiedenen

Saugaufsätzen und in verschiedenen Ausführungen vom Polo bis zum SLK) ist ein Multitalent. Nicht nur Teppichböden werden damit gereinigt, auch Sofas, Betten, Schränke, Haustiere und und und. Apropos: Hat jemand zufällig meine Handy-Chipkarte gesehen?

16:15 Uhr

Nach einem starken Kaffee mache ich mich, ausgestattet mit drei Putztüchern, einem Eimer mit Wasser und Spüli, ins Bad.

Die Toilette

Das stille Örtchen ist für viele das gemütlichste Plätzchen auf der Welt. Doch die Toilette neigt dazu, in kurzer Zeit relativ ungemütlich zu werden, wenn man ihr nicht die nötige Pflege zukommen lässt. Tipps für die Badezimmerreinigung erhältst du etwas später. Hier soll erst einmal die Prävention im Vordergrund stehen. Für Jungs gilt grundsätzlich: Setzen!

Stehpinkler vs. Sitzpinkler ★★★☆☆

Wenn du auch den letzten Stehpinkler von seinem unsozialen Verhalten überzeugen willst, schnapp dir eine Zeitung und lege damit den Boden um deine Toilette herum aus. Falls das Klo klein genug ist, kannst du auch die Wände um die Kloschüssel herum mit Zeitungspapier bekleben. Jetzt malst du zwei Füße vor die Toilette auf das Zeitungspapier und spendierst dem Stehpinkler drei Bier. Wenn er sich später die Spritzer auf dem Zeitungspapier anschaut und mittendrin die sauberen Fußabdrücke sieht, fragst du ihn: »Bist du sicher, dass du in Zukunft weiterhin stehen willst?«

Was meint die Jury?

: Hört sich gut an, aber wer räumt den ganzen Mist wieder weg?

: Im Stehen pinkeln gehört zum Grundbedürfnis eines jeden Mannes, aber das werden Frauen nie begreifen.

: An die Frauen gerichtet, die einen chronischen Stehpinkler zu Hause haben:
1) Lasst ihn einfach das Klo putzen. Wer seinen Stolz nicht verlieren will, muss dafür arbeiten.
2) Wenn ihr ihn im Stehen erwischt, tut so beleidigt und empört, wie ihr nur könnt. Das weckt die gutmütigeren Stolzies meist schon auf. (»Iih … IIIIHH … das ist ja widerlich … etc.«)
3) Wenn es ein ganz hartnäckiger Fall ist, folgendes Schild an der Klobrille anbringen:
»Frauen ekeln sich vor Stehpinklern. Würdest du mit jemandem schlafen, der eklig ist?«

: Ich kann die Frauen einfach nicht begreifen: Wer hat uns denn gelehrt, im Stehen zu pinkeln? Unsere Mütter haben damals unseren Winzling rausgeholt und gehalten, während wir pinkelten, und waren dann stolz, wenn wir es dann alleine konnten. Und heute wollt ihr uns das verbieten?

: Ich pinkle im Stehen!!!
Aber nur auf fremden Klos!!!
Bei mir wird im Sitzen gestrullt!!!
Ich muss schließlich selber putzen!

: Ich habe ein Urinal eingebaut!

: Wer nicht über die Reling pinkeln kann, kommt mir nicht an Bord.

: Wir haben einen Toilettendeckel erfunden, der es nicht ermöglicht, im Stehen zu urinieren. Der schließt sich immer wieder automatisch. Man kann ihn entweder mit dem Fuß oder mit der Hand unten halten (wobei man sich darauf pieselt) oder man(n) setzt sich.

: Wer behauptet, dass im Stehen pinkeln »männlich« sei, der hat einen an der Klatsche. Stell dir nur mal ein Gespräch zweier Außerirdischer nach ihrem Besuch auf unserem Planeten vor.
»Hast du gesehen? Die Männchen pinkeln im Stehen!«
»Wow, unglaublich! DAS hat was.«

Ein weiterer »brennender« Tipp fürs stille Örtchen ist, dass es sich nach deinem Besuch wieder in ein »duftendes« Örtchen verwandelt, wenn du ein paar Streichhölzer abbrennen lässt. Der Schwefel überdeckt bestehende Gerüche.

Sportschau-Zeit

Jetzt noch einen Berg aus Tassen, Töpfen, Tellern bewältigen …

Spül mich!

Wer aus Überzeugung von Hand spült, besitzt eiserne Disziplin, robuste Hände und einen masochistischen Reinigungstrieb. Wer das nicht aufweisen kann und trotzdem ohne Spülmaschine dasteht, hat Probleme mit dem täglichen manuellen Spülvorgang. Den »Nicht-Spül-Rekord« hält augenblicklich eine Tübinger WG mit 96 Tagen. Allerdings gestaltet sich dort die Nahrungsaufnahme inzwischen recht schwierig, und man diskutiert einen Auszug. Grundsätzlich gilt für »Handspüler« Folgendes: regelmäßig spülen, ein Fernseher oder Radio in der Küche nimmt der Arbeit etwas die Monotonie.

Komplettlösung – Spülen

1. Beim Spülen solltest du das Spülbecken nur halb voll mit Wasser füllen. Das Wasser kommt schneller in Bewegung, als du denkst, und schwappt auf deine Hose.
2. Lauwarmes Wasser ist etwas für Warmduscher. Profis ziehen Gummihandschuhe an, damit das Wasser richtig heiß sein kann. Das ist wesentlich hygienischer als eine lauwarme Sudelbrühe.
3. Du arbeitest mit einer Spülbürste oder einem Spüllappen. Bei Töpfen und Pfannen wirkt ein Topfkratzer Wunder. Und vergiss das Spülmittel nicht.
4. Beim Spülen gilt folgende Reihenfolge: erst Gläser (eins nach dem anderen), dann Besteck, danach Tassen und Teller und zuletzt Töpfe und Pfannen.
5. Das Geschirr mit klarem Wasser nachspülen und zum Abtropfen hinstellen.
6. Wenn du fertig mit Spülen bist, drücke den Schwamm gut aus und lass ihn nicht in der Spüle liegen. Dort sammeln sich ansonsten schnell Keime und Bakterien an, die du sicher nicht später auf deinem Teller haben willst. Weiterhin solltest du den Schwamm hin und wieder wechseln oder bei 60° C in der Waschmaschine waschen.
7. Rufe jemand zum Abtrocknen.

Angebrannte Töpfe
Jedem Haushaltsanfänger ist folgendes Szenario bekannt: Egal, was du das erste Mal kochst oder brätst, Topf oder Pfanne sehen nachher aus wie Sau. Ob Milch, Reis oder Bratkartoffeln, das Zeug hängt drin und will nicht mehr raus. Dummerweise hast du keine Stahlwolle da oder willst den neuen Topf nicht zerkratzen. Doch keine Panik: Wenn die Verkrustung nicht allzu stark ist, hilft meistens die raue Seite eines Topfschwamms zusammen mit Spülmittel und heißem Wasser. Sollte sich der Schmutz immer noch nicht lösen (also wenn die Soße mal wirklich fies eingebrannt ist), dann schnappst du dir entweder etwas Spülmittel, Waschpulver oder ein Päckchen Backpulver (eins von den dreien hast du doch sicher da, oder?) und schüttest das Ganze zusammen mit etwas Wasser (der Boden sollte bedeckt sein) in den Topf. Wenn die Herdplatte noch warm ist, einfach den Topf draufstellen und ein bisschen einköcheln lassen. Ansonsten kannst du auch den Topf über Nacht stehen lassen. Am nächsten Morgen lässt sich alles leicht spülen. Wenn du keine Zeit hast oder die eingebrannten Reste zu hartnäckig sind, dann kannst du das Zeug auch schnell aufkochen. Dadurch sollte sich auch der letzte Schmutz lösen.

20:00 Uhr

Ans Fensterputzen brauche ich heute gar nicht mehr zu denken, draußen wird es nämlich schon dunkel.

Guten Abend, Ingo,
gerade bei so alltäglichen, vermeintlich einfachen Dingen wie Putzen unterschätzen fast alle Anfänger den Zeitaufwand. Und es erfordert auch etwas Vorausplanung und Struktur. Natürlich gibt es auch viele Tricks und Finessen, die das Putzen effizienter machen, doch dazu später. Hier erstmal die Putz-Basics.

Ein Putzfest

Step 1: Nimm dir Zeit. Lass Musik laufen, die dir gefällt.

Step 2: Aufräumen. Leg die Sachen gleich an den richtigen Platz, sonst nimmst du sie zwei-, dreimal in die Hand.

Jetzt kommt die Hauptregel:

Von oben nach unten putzen!

Denn wenn du erst nach dem Saugen abstaubst, fällt der ganze Staub auf den Boden und du kannst noch mal saugen.

Step 3: Abstauben. Vergiss nicht, dein Staubtuch immer wieder auszuschütteln, sonst verteilst du den Staub nur.

Step 4: Staubsaugen. Obwohl du in Step 1 schon für Ordnung gesorgt hast, musst du immer noch etliche Dinge zur Seite räumen, um überhaupt saugen zu können. Hier gibt es zwei Möglichkeiten:

1. Du sorgst ständig dafür, dass dein Lebensraum so aussieht, um mit dem Staubsauger durchzukommen (Wir wissen, du bevorzugst 2.)

2. Du planst Zeit ein, um die Tanzfläche frei zu räumen

Step 5: Wischen. Die glatten Fußböden zuerst kehren oder ebenfalls saugen, dann mit Schrubber und Putztuch o. Ä., Wasser und etwas Reiniger wischen.

Step 6: Bewundern und loben.

WASCHBÄR

Wasche weiße Hemden!

Mittwoch, 17:00 Uhr

Ich sitze im Waschsalon und schaue meiner Wäsche zu, wie sie langsam nass wird. Es ist geschmeidig warm hier und riecht nach Weichspüler-Frühling. Der Dresscode meiner Versicherung schreibt weiße Hemden vor, und mein kompletter Vorrat dreht sich gemütlich vor sich hin.

Zwei Stunden später

Habe die zweite rote Socke entdeckt. Alle Hemden zartrosa!

Lieber Ingo,
Rosa ist schwer angesagt. Achte mal beim Tennis auf die Socken deiner Mitspieler. Das Erste Frag Mutti-Waschgesetz lautet also:
Weiße Wäsche wird zartrosa, wenn man sie mit roten Socken wäscht.
Bevor wir dein Malheur beheben, einige grundsätzliche Gedanken zum Thema Waschen, die zukünftige ungewollte Farbspiele vermeiden helfen.

Waschen – Was mit was?

Die wichtigste Präventivmaßnahme gegen ungewollte Verfärbungen ist das richtige Sortieren: Weiße Wäsche wäscht man nicht mit bunter Wäsche! Und auch farbige Kleidung sortierst du am besten von Hell nach Dunkel. Neue farbintensive Klamotten solltest du beim ersten Mal grundsätzlich separat waschen, sie färben gerne und leicht ab.

Welches Programm?

Mit 30° C/40° C wäschst du deine T-Shirts, Pullover, Hemden und Hosen.

Unterwäsche, Socken, Handtücher, Geschirrtücher und Bettwäsche kommen bei 60° C in die Waschmaschine. In sehr verschmutzten Fällen kann hier auch der Kochgang 95° C angewendet werden.

Welches Waschmittel?

Es gibt Waschpulver und Flüssigwaschmittel, das wirst du sicher wissen, aber welches ist das bessere? Grundsätzlich ist es so, dass die Waschwirkung von Tensiden abhängt. Diese Tenside verlieren in hartem, kalkhaltigem Wasser an Waschkraft, also ist es sinnvoll, wenn Wasserenthärter verwendet werden. Da es Wasserenthärter nur in fester Form gibt, sind diese nur im Waschpulver vorhanden. Folglich ist Waschpulver in der Waschkraft effizienter und umweltfreundlicher als Flüssigwaschmittel. Deshalb immer zuerst schauen, ob das benötigte Waschmittel auch in Pulverform oder als Tabs angeboten wird. Wenn du vor dem Waschmittelregal stehst, findest du in der Regel folgende Produkte:

Cheat – Waschmittel

1. Vollwaschmittel: Enthält optische Aufheller. Es ist deshalb für weiße Wäsche bis maximal 95° C geeignet. Nicht für bunte Wäsche benutzen, da diese sonst an Farbkraft verliert und ausbleicht. Gewaschen werden damit zum Beispiel weiße Unterwäsche, weiße Baumwollkleidung und weiße Handtücher.

2. Colorwaschmittel: Enthält keine optischen Aufheller und wird somit für Buntwäsche verwendet. Colorwaschmittel sorgt dafür, dass die Farben möglichst kräftig bleiben und

nicht ausbleichen. In der Regel hast du bunte Baumwollkleidung, bunte Handtücher oder Ähnliches. Das alles wird mit Colorwaschmittel bis maximal 60° C gewaschen.

3. Feinwaschmittel: Manche Kleidung, vor allem solche aus synthetischen Fasern, sollte nur mit Feinwaschmittel gewaschen werden, damit sie länger hält und die Farben kräftig bleiben. Es gibt keine Faustregel, nach der du deine Wäsche in normale Wäsche und Feinwäsche unterteilen kannst. Hier hilft nur ein Blick auf das Pflege-Etikett. Dort findest du das Waschsymbol, das du in unserer Tabelle Seite 67 nachschlagen kannst.

4. Spezialwaschmittel, z. B. für Wolle, schwarze Kleidung etc.: Falls du viele Wollklamotten hast, solltest du dir ein spezielles Waschmittel für Wolle zulegen. Spezielles Waschmittel für schwarze Kleidung ist hingegen eher Geldverschwendung.

5. Weichspüler helfen die sog. Trockenstarre bei der Wäsche zu vermeiden, sind aber teuer und belasten die Umwelt. Die schonende Alternative dazu ist Essig. Einfach ¼–½ Tasse davon pro Waschgang in die Waschmittelschublade geben. Keine Sorge: Der Geruch verflüchtigt sich beim Waschen und deine Wäsche wird kuschelig weich.

Bei starker Verschmutzung kann eventuell eine Vorbehandlung der Wäsche mit Fleckenspray oder Gallseife nötig sein. Wie das funktioniert, erfährst du im nächsten Level.

Komplettlösung – Waschen
Bevor du nun voller Vorfreude mit deinen neu gewonnenen Kenntnissen mit deiner Wäsche zur Waschmaschine stürmst, solltest du diese Checkliste durchgehen:

1. Ist die Wäsche richtig sortiert? Manchmal versteckt sich ein helles T-Shirt unter einem dunkelblauem Sweat-Shirt oder eine rote Socke unter weißen Hemden.

2. Hält jedes Wäschestück der von dir gewählten Temperatur stand? Achte auf die Pflegeetiketten. Jeans sollten generell nicht heißer als 40° C gewaschen werden, es sei denn, sie sind dir zu weit.

3. Sind alle Hosentaschen oder Taschen an anderen Kleidungsstücken von nicht waschbaren Dingen befreit? Papiertaschentücher verteilen sich beim Waschen gleichmäßig über die ganze Wäsche, und es erfordert später Stunden und unendlich viel Geduld, bis du alle Papierfusseln wieder von deiner Kleidung bekommst. Auch Münzen gehören herausgefischt.

4. Farbempfindliche Wäsche wie Jeans solltest du auf links drehen, dann färbt sie beim Waschen nicht so schnell aus.

5. Schließe sämtliche Reißverschlüsse, da sie sonst schnell ausleiern.

Jetzt gehts los

Sei nett zu deiner Waschmaschine. Ansonsten hast du schneller Wegwerf-Unterwäsche im Schrank, als dir lieb ist. Und jedes Wochenende zu Mutti heimfahren willst du auch nicht. An deiner Waschmaschine befinden sich diverse Schalter und/oder Drehknöpfe. In der Regel stellst du dort die Temperatur und das Waschprogramm ein. Mehr ist erst mal nicht nötig. Falls dir die Bedienung zu kryptisch ist, konsultiere deine Bedienungsanleitung oder eine Person deines Vertrauens, deine Mutter, wenns sein muss. Ist das Waschprogramm eingestellt, kannst du die Wäsche in die Waschmaschine füllen. Nachdem du die Waschmaschine geschlossen hast, musst du nur noch überprüfen, ob der Wasserzufluss aufgedreht und die Waschmaschine ans Stromnetz angeschlossen ist. Drücke nun den Start-Knopf. Hast du alles richtig gemacht, dann beginnt der Waschvollautomat eigenständig mit dem Waschvorgang.

Wie trocknen?

Ist die Wäsche gewaschen, ist sie in der Regel nass. Eventuell passen noch weitere Attribute wie »eingegangen« oder »verfärbt«. Dies passiert dann, wenn du unsere Empfehlungen nicht beachtet hast. Eingegangene Wäsche lässt sich oft nicht mehr in den ursprünglichen Zustand zurückversetzen – Pech gehabt, du hättest besser lesen sollen. Nichtsdestotrotz solltest du die Wäsche nun trocken bekommen. Für Haushalte, die keinen Wäschetrockner besitzen, gibt es folgende Möglichkeiten der Trocknung: Besorge dir einen Wäscheständer oder eine Wäscheleine und hänge die Wäsche an einem geeigneten Ort auf. Manche Wohnhäuser verfügen über spezielle Wäschetrockenräume. Wichtig ist, dass der Raum die Möglichkeit zum Luftaustausch hat, da die Wäsche die Feuchtigkeit an ihre Umgebung abgibt. Schlaf- und Wohnräume eignen sich deshalb nur bedingt, willst du nicht im Tropenhaus aufwachen. Wenn du die Möglichkeit hast, kannst du die Wäsche im Freien trocknen, dann riecht sie auch besonders gut. Wenn es allerdings zu kalt wird, trocknet die Wäsche draußen nicht mehr

gut. (Warme Luft nimmt Feuchtigkeit besser auf, kalte hingegen so gut wie gar nicht.)
Ist die Wäsche trocken, so kommt es manchmal vor, dass sich weiße Pulverreste an der Kleidung absetzen. In diesem Fall hast du zu viel Waschpulver genommen. Das ist aber kein Beinbruch. Einfach die betroffenen Kleider ausklopfen und beim nächsten Mal weniger Waschpulver nehmen.

Grauschleier entfernen ★★★★★

Um den Grauschleier aus der Wäsche zu bekommen, nimmst du einen Esslöffel Backpulver zum Waschmittel dazu.

Was meint die Jury?

: Super, hilft.

: Bei Grauschleier hilft es auch, zwei Corega Tabs in die Waschmaschine zu legen. Bei Extremfällen: Wäsche über Nacht in Corega Tabs einweichen. Weiße Wäsche wird wieder wie neu.

: Es gibt auch spezielle Entfärber für weiße Sachen. Vor der Wäsche ein Bad in einer Dan-Klorix-Lösung hilft auch häufig. Aber aufgepasst: killt fast jede Farbe. Also nur für Weißes und Robustes nehmen.

: Neue weiße Wäsche, besonders Dessous, lieber ohne Weichspüler waschen. Denn der ist für den fiesen Grauschleier verantwortlich! Und der Haut tut's auch gut.

: ... kann ich gar nicht bestätigen, denn ich wasche seit Jahrzehnten schon nicht mehr mit Weichspüler und habe trotzdem nach relativ kurzer Zeit graue Unterwäsche!

: Es kann gut sein, dass die grauen Schleier daher rühren, dass du zu wenig Waschpulver genommen hast. Du solltest dich stets an die Dosierempfehlung entsprechend der Härte deines Wassers halten. Die grauen Schleier sind Verbindungen aus Kalk und den Tensiden im Waschpulver (so genannte Kalkseife). Diese Verbindungen sind nicht in Wasser löslich und lagern sich in der Wäsche ab. Wenn du richtig dosierst, dann wird dies von den anderen Inhaltsstoffen im Waschmittel verhindert.

: Wie ermittele ich eigentlich den Härtegrad meines Wassers? Ich haue das Zeug immer mit aller Kraft mal an die Wand, aber egal wo ich bin, das Ergebnis ist das gleiche.

: Den Härtegrad kannst du beim Wasserwerk erfragen.

21:00 Uhr

Akuter Hemdennotstand!

Lieber Ingo,
das hätten wir ja fast vergessen. Deine Hemden bekommst du mit so genanntem Entfärber wieder weiß. Entfärber sind Bleichmittel, die Sauerstoff freisetzen. Sie lösen Farbflecken aus versehentlich verfärbten Wäschestücken. Die verfärbte Wäsche muss nochmals in der Waschmaschine oder mit der Hand mit Entfärber gewaschen werden. Entfärber gibt es als Pulver und in flüssiger Form in Supermärkten, Drogerien und natürlich bei eBay. Entfärber solltest du vorsichtig anwenden, am besten nur bei weißer Wäsche.

Die Pflegeetiketten

Waschen

waschen

30° Feinwaschgang

40° Schonwaschgang

60° Normalwaschgang

Handwäsche

Nicht waschen

Bügeln

bügeln

nicht heiß bügeln

mäßig heiß bügeln

heiß bügeln

nicht bügeln

Reinigung

A – Alle für die chem. Reinigung geeigneten Lösungsmittel erlaubt

F – Behandlung mit Kohlenwasserstoff

P – Perclorethylen oder Kohlenwasserstoff-Lösemittel dürfen verwendet werden

Chem. Reinigung nicht erlaubt

Trocknen

Trockner erlaubt

Trockner nicht erlaubt

Bleiche

Bleiche möglich

Bleiche nicht möglich

BÜGELFALTER

Hänge deine Wäsche auf!

Sonntag nach dem Blockbuster

Alarm, kein Bügeleisen! Morgen sitze ich zum ersten Mal meinem Chef gegenüber.

Lieber Ingo,
wer kein Bügeleisen hat, der muss nicht wie eine vertrocknete Pflaume durch die Gegend laufen. Gerade in den ersten Wochen nach dem Auszug ist man mit genug anderen Dingen beschäftigt, als stundenlang am Bügelbrett zu stehen. Wer es sich leisten kann, der hat ein paar bügelfreie Hemden im Schrank hängen oder lässt bügeln. Aber was ist mit den anderen Hemden, Hosen und Pullovern und den vielen armen Schluckern, die über keinen Bügelservice verfügen?

Wie du dir das Bügeln ersparst:

- Kauf dir bügel- oder knitterfreie Kleidungsstücke.
- Häng die Wäsche direkt nach dem Waschen richtig auf. Hier gilt: Oberbekleidung (Blusen/Hemden) am unteren Ende aufhängen, Hosen, Röcke am oberen Ende (zum Beispiel am Hosenbund). Vor dem Aufhängen kannst du die Wäsche schon etwas glatt ziehen.
- Wenn du einen Wäschetrockner besitzt: Nicht überfüllen und die Wäsche immer direkt nach dem Trockengang herausnehmen und zusammenlegen.

- Streich deine Wäsche nach dem Trocknen beim Zusammenlegen mit der Hand glatt, das funktioniert besonders bei Jeans und Sweat-Shirts gut.

Bügeln ohne Eisen ★☆☆☆☆

Wozu ein Bügeleisen? Folgender Tipp spart Geld und Zeit. Alles, was du benötigst, ist ein Bett und zwei stabile ca. 90 x 170 cm große Pappstücke. Die Pappen sollten deshalb so groß sein, damit auch alle deine Klamotten dazwischenpassen. Gute Chancen, an die Pappe zu kommen, hast du z. B. im Baumarkt. Wenn du alles dahast, kann es losgehen: Matratze hoch, die erste Pappe auf den Lattenrost legen, dann das zu bügelnde Kleidungsstück drauflegen, die zweite Pappe darüber, die Matratze wieder runter und eine Nacht drüber schlafen. Wie von Geisterhand bist du am nächsten Tag stolzer Besitzer eines gebügelten Hemds. Aufgrund des geringen Aufwands ist diese Methode bestens für Workaholics und faule Säcke geeignet, die entweder keine Zeit oder keinen Bock haben. Achtung: Die Kleidung muss trocken sein, wenn du sie unter deine Matratze legst. Ansonsten fängt die Matratze irgendwann an zu schimmeln.

Was meint die Jury?

: Super! Ich habe messerscharfe Bügelfalten, um die mich selbst meine Mutter beneidet. Obendrein ist das Ganze unschlagbar Energie sparend, da du ja keinen Strom für ein Bügeleisen benötigst. Weiterhin benötigst du keinen zusätzlichen Stauraum für ein Bügelbrett.

: Als stolzer Wasserbett-Besitzer habe ich dann zwar super gebügelte Klamotten, aber ziehe mir beim Versuch, das Bett anzuheben, relativ leicht einen Bandscheibenvorfall oder Leistenbruch zu.

: Die lange »Bügeldauer« pro Kleidungsstück verweist diesen Tipp wohl eher in die Abteilung »Kurioses«.

: Wer bügelt schon … Knitterhemden sind doch immer noch in, oder?

Trotz aller Versuche, diese Tatsache zu negieren, das Bügeleisen ist ein nützlicher Bestandteil eines jeden Haushaltes. Wie du es zähmst und zu deinem Vorteil einsetzt, erfährst du später. Viel wichtiger ist zu wissen, WAS überhaupt gebügelt werden sollte und bei welcher Wäsche bügeln unnötig ist.

Unbedingt bügeln	**Kann, muss aber nicht**	**Braucht man nicht bügeln**
Blusen/Hemden	Pullover/Sweat-Shirts	Bettwäsche
Röcke	T-Shirts, Handtücher	Geschirrtücher
Kleider	Schlafanzug/Nachthemd	bügelfreie Hemden
(Stoff-)Hosen	Jeans	Socken
		Unterwäsche

LEVEL II

SPARSCHWEIN

Begib dich auf die Jagd!

Sonntag, 22 Uhr

Wallende rote Haare, strahlend helle blaue Augen, Röcke, für die jede Beschreibung zu lang ist, darunter die schönsten Beine der Stadt. Angelina. Ein Name wie Sahne. Seit letztem Monat Neuzugang in unsere Presseabteilung und ebenso lange meine ständige Begleitung. In Gedanken. Noch. Doch das wird sich ändern. Ich möchte SIE einladen. Zu MIR. Zum Essen.

Vorsicht, Ingo!
Bist du schon so weit?

Mit eurer Hilfe schaff ich das! Ganz einfach, ganz romantisch: ein Tisch, zwei Stühle, auf meinem Balkon, Angelina bei Sonnenuntergang und ich am Herd, wer von diesen Möchte-gern-Robbie-Williams-Verschnitten aus dem Büro hat so was im Angebot? Das Menü habe ich mir aus dem Internet zusammengesucht. Was haltet ihr von:

Sushi-Auswahl mit Sailbliy und Thunfisch
Rote-Beete-Kartoffel-Carpaccio mit Waller
Rehrücken im Brotmantel auf Petersiliewurzelpürree
und zum Dessert für ihren Erdbeermund
Erdbeerrosette mit Rhabarberschaum

Gut, Ingo, das mit dem Mädel und der Romantik überlassen wir dir. Bei der Menüplanung müssen wir dich aber bremsen. Das, was du dir ausgesucht hast, übersteigt bei weitem deine Kochkünste und wird in einem Desaster enden. Außerdem ist es November, und da gibt es nun mal keine Erdbeeren, wenigstens keine, die nach Erdbeeren schmecken.

Was hältst du von folgendem »Romantik-Menü«:

Nudeln mit Lachs (Seite 95)
Rucolasalat mit Birnen und Parmesan (Seite 100)
Entenbrust mit Estragonsoße (Seite 103)
Calvados-Äpfel mit Vanilleeis (Seite 113)

Du kannst die einzelnen Menüpunkte verbal noch etwas ausschmücken oder das *mit* durch ein *an* ersetzen, schon hört es sich noch exklusiver an. Auf jeden Fall ist alles für dich kochbar und schmeckt super lecker.

Was schmeckt wann?

Obst und Gemüse, das nicht Tausende von Kilometern auf dem Buckel hat, bevor es auf deinem Teller liegt, ist oft gehaltvoller und schmackhafter als die importierte Massenware.
Was also wann essen?

	Jan.	Febr.	März	April	Mai	Juni	Juli	Aug.	Sep.	Okt.	Nov.	Dez.
Blumenkohl						■	■	■	■	■	■	■
Brokkoli						■	■	■	■	■		
Brombeeren							■	■	■	■		
Frühäpfel							■	■				
Frühbirnen							■	■				
Gurken						■	■	■	■			
Karotten/ Möhren	▒	▒	▒	▒	▒	■	■	■	■	▒	▒	▒
Kartoffeln	▒	▒	▒	▒	▒	■	■	■	■	■	▒	▒
Kirschen						■	■					
Kohl	▒	▒	▒						■	■	■	■
Melonen								■	■			
Nektarinen							■	■	■			
Paprika						■	■	■	■	■		
Porree	▒	▒	▒	▒	▒		■	■	■	■	■	■

■ = Frischgemüse und -obst, ▒ = Lagerobst, Lagergemüse, □ = keine Saison

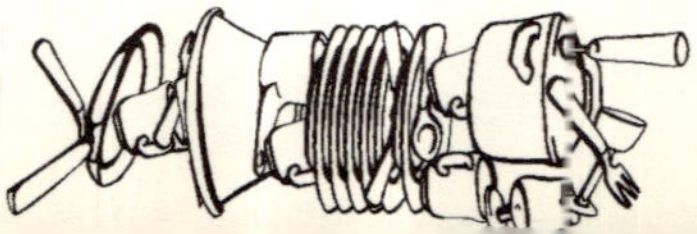

	Jan.	Febr.	März	Apr.	Mai	Juni	Juli	Aug.	Sep.	Okt.	Nov.	Dez.
Rhabarber	□	□	□	■	■	■	□	□	□	□	□	□
Salat – Eichblatt	□	□	□	□	■	■	■	■	■	■	■	□
Salat – Eissalat	□	□	□	□	■	■	■	■	■	■	■	□
Salat – Endivie	□	□	□	□	□	□	□	□	■	■	▒	▒
Salat – Rucola	□	■	■	■	■	■	■	■	■	■	■	□
Spargel	□	□	□	□	□	■	■	□	□	□	□	□
Spätäpfel	▒	▒	▒	▒	□	□	□	□	■	■	▒	▒
Spätbirnen	▒	▒	□	□	□	□	□	□	■	■	▒	▒
Spinat	□	□	■	■	■	□	□	□	□	■	■	□
Tomate	□	□	□	□	□	□	■	■	■	■	□	□
Walnüsse	▒	▒	▒	▒	▒	▒	▒	▒	▒	■	■	▒
Weintrauben	□	□	□	□	□	□	□	□	■	■	□	□
Zwetschgen	□	□	□	□	□	□	□	■	■	□	□	□
Zwiebeln	▒	▒	▒	■	■	■	■	■	■	▒	▒	▒

■ = Frischgemüse und -obst, ▒ = Lagerobst, Lagergemüse, □ = keine Saison

Donnerstag, 18 Uhr

Sie kommt! Heute in der Mittagspause bin ich zu ihr an den Tisch und habe sie eingeladen. Sie hat so süß gelacht und alle ihre Kolleginnen mit ihr. »Bis morgen 8 Uhr«, habe ich mich verabschiedet. Sie hat nicht widersprochen!
Den restlichen Tag im Büro habe ich mit der Planung zugebracht und To-do-Listen erstellt: heute einkaufen, morgen putzen und kochen. Jetzt stehe ich vor einem riesigen Kühlfach und habe schon die zigste Entenbrust in der Hand. Nur, woran erkenne ich, welche die beste ist?

Cheat – Lebensmittelcheck

So erkennst du beim Einkauf, ob die Lebensmittel frisch sind:

- *Frischobst/Gemüse* solltest du auf Druckstellen, Farbe, Geruch etc. untersuchen. Avocados dürfen keine braunen Stellen haben und auch nicht zu weich sein. Wurzelgemüse sollte sich ebenfalls fest anfühlen, Brokkoli muss eine schöne dunkelgrüne Farbe haben, wenn die Farbe ins Gelbliche übergeht, ist er alt. Bundgemüse (so nennt man Gemüse, das im Bund gekauft werden kann) wie z. B. Kohlrabi, Karotten, Rettich oder Radieschen sollte immer schöne grüne Blätter haben. Eine Ananas ist dann zum Verzehr geeignet, wenn sich die inneren Blätter leicht herauslösen lassen.
- *Fleisch/Wurst* darf nicht glänzen oder schmierig sein, sonst ist es alt.
- *Brot* schimmelt gerne – auf weiße oder grüne Flecken achten.
- Beim Kauf von *Eiern* solltest du etwas genauer hinschauen. Dazu öffnest du die Schachtel und schaust dir jedes Ei kurz

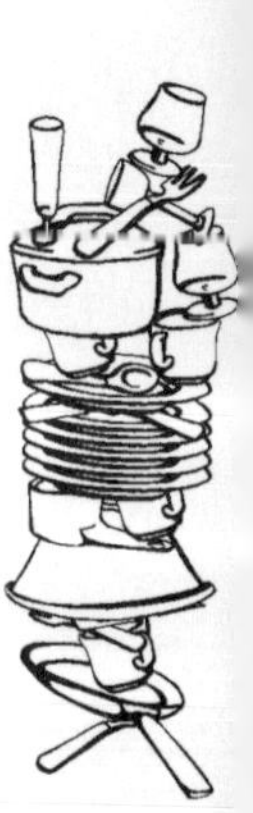

einzeln an. Sobald du einen Riss oder Sprung im Ei entdeckst, solltest du das Ei auswechseln oder gleich einen anderen Eierkarton nehmen.
Auf dem Ei befindet sich ein aufgedruckter Code. Dieser kann zum Beispiel so aussehen: 1-DE-12345-2. Die erste Ziffer gibt das Haltungssystem an: 0: Ökologische Erzeugung 1: Freilandhaltung 2: Bodenhaltung 3: Käfighaltung. Danach folgt das Erzeugerland (zum Beispiel DE für Deutschland oder NL für Niederlande). Die letzten beiden Zahlen geben die Kennung des Betriebs und die Stallnummer an. So kann jedes Ei zurückverfolgt werden. Im Internet kannst du sogar live sehen, woher dein Ei kommt: www.was-steht-auf-dem-ei.de

- Bei *verpackten Lebensmitteln* immer das Mindesthaltbarkeitsdatum überprüfen. Daran lässt sich sofort erkennen, ob und wie lange etwas noch haltbar ist.

- Bei in *Folie verpackten Lebensmitteln* solltest du unbedingt darauf achten, dass sich kein Kondenswasser im Verpackungsinneren befindet, da dies ein sicheres Zeichen dafür ist, dass die Lagertemperatur der Ware nicht konstant war (was sie aber sein sollte). Dadurch kann es zu einer schnellen Schimmelbildung kommen, obwohl die Ware vom Datum her noch genießbar sein sollte. Das gilt auch für abgepacktes Obst und Gemüse.

- *Gefrierware* solltest du immer auf Verpackungsbeschädigungen untersuchen, die zu Gefrierbrand (weiße, ausgetrocknete Stellen auf dem Gefriergut. ACHTUNG: Nicht mit dem Eis verwechseln) führen können.

Kein Montags-Hackfleisch ★★★★☆

Abgepacktes Hackfleisch möglichst nicht montags einkaufen, da dieses (entgegen manchen Beteuerungen) noch das Fleisch von vor dem Wochenende sein könnte, also nicht unbedingt sehr frisch ist.

Was meint die Jury?

: Hackfleisch sowieso nie abgepackt kaufen! Immer frisch beim Metzger. Ich will wissen, was da drin ist.

: Vollkommener Quatsch. In Deutschland gibt es eine Hackfleischverordnung. Sie schreibt vor, dass Hackfleisch an dem Tag, an dem es hergestellt worden ist, auch verkauft werden muss. Ebenso der rohe Hackspieß im Imbiss. Erfolgt dies nicht, muss das Gehackte »gewandelt« werden. Das heißt, dass es entweder weggeworfen oder gegart wird.

: Das stimmt. Hackfleisch ist hochverderblich und für Salmonellen sehr anfällig. Deswegen gilt in Deutschland diese strenge Verordnung. Aber für das häufig schutzgasverpackte Hackfleisch gilt diese Regelung nicht, sofern es aus EU-Betrieben stammt. Stattdessen gilt hier die Fleischhygieneverordnung, eine Umsetzung von EU-Recht. Danach darf schutzgasverpacktes Hackfleisch sogar bis zu einer Woche angeboten werden. Allerdings muss das Fleisch bei einer Temperatur von zwei Grad gelagert werden. Stichproben ergaben, dass diese Temperatur vor allem während der Sommermonate immer wieder überschritten wird.

: Deshalb kaufe ich nur noch in einer bestimmten Metzgerei, die immer gut besucht ist. Hier wird die Ware schnell verkauft und immer wieder frisch nachgelegt.

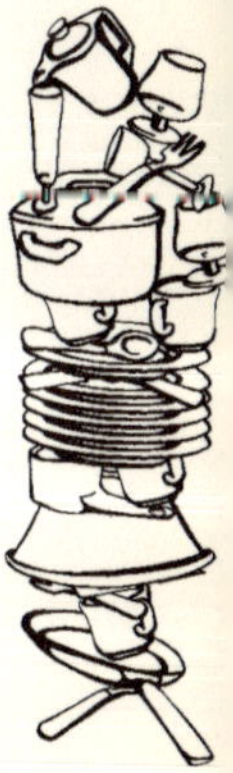

: In vielen Metzgereien liegt das Hackfleisch aber schon durchgedreht in der Theke. Verlangt man, dass es frisch gemacht wird, wird man blöd angeschaut und auf das bereits fertige hingewiesen. Das wäre »frisch«.

: Kaufe mein Fleisch am Stück und dreh es mir zu Hause durch den Fleischwolf, hört sich nach viel Arbeit an, ist es aber wirklich nicht!

: Ich kaufe das Hackfleisch aus der Tiefkühltruhe. Ich gehe davon aus, dass es am Tag der Herstellung eingefroren wurde. Frischer gehts doch nicht, oder?

: Kein Metzger, Supermarkt oder Discounter kann es sich leisten, verdorbene Ware zu verkaufen. Das macht sehr schnell die Runde und bedeutet in der Regel herbe Verluste. Also werden sie immer bemüht sein, nur genießbare Ware auf den Markt zu bringen.

19:30 Uhr in der Warteschlange

Jetzt macht gerade eine neue Kasse auf, doch bevor ich mein Einkaufsgeschoss in Richtung bringen kann, stehen alle, die eben noch hinter mir waren, schon dort an. Schon beim Käsestand ist mir klar geworden: Da, wo ich bin, ist hinten. Dabei bin ich schon eine halbe Stunde über der Zeit. Ich müsste jetzt schon zu Hause alles in die Regale räumen …

Lieber Ingo,
nutze die Zeit, und überlege dir, wo und wie du deine Jagdbeute zu Hause verstaust.

Cheat – Frisch- und Vorratshaltung

Halte ein bisschen Ordnung in deiner Küche und deinen Vorratsschränken.

1. Konserven nach dem Haltbarkeitsdatum ordnen. Die ältesten stellst du ganz nach vorne. Rostige oder gewölbte Konserven unbedingt wegschmeißen.
2. Hin und wieder mal einen Blick auf das Mindesthaltbarkeitsdatum werfen und Abgelaufenes aussortieren.
3. Wurzelgemüse (z. B. Kartoffeln) in dunklen Ecken aufbewahren.
4. Angebrochene Packungen wie Mehl, Reis, Cornflakes etc. fachgerecht, z. B. mit Tütenclips oder auch Wäscheklammern, verschließen oder (besser noch) in ein verschließbares Behältnis aus Glas oder Plastik füllen.
5. Angebrochene Flaschen und Gläser: ab in den Kühlschrank!
6. Gekochte Speisen, die du für den nächsten Tag aufheben willst, in Plastikdosen im Kühlschrank deponieren.
7. Frische Nahrungsmittel aus dem Kühlfach (Joghurts, Wurst, Käse) immer in den Kühlschrank stecken.
8. Für Käse ist das Gemüsefach der ideale Ort der Lagerung. Am besten, du lässt ihn in der Originalverpackung oder wickelst ihn in Alufolie. Stich mit der Gabel kleine Löcher in die Folie, denn Käse muss atmen. Deshalb auch keine luftdichten Plastikboxen benutzen, dann lieber eine Käseglocke aus Glas. Am besten schmeckt der Käse übrigens, wenn du ihn eine halbe Stunde vor dem Essen aus dem Kühlschrank nimmst. Aber nicht naschen!

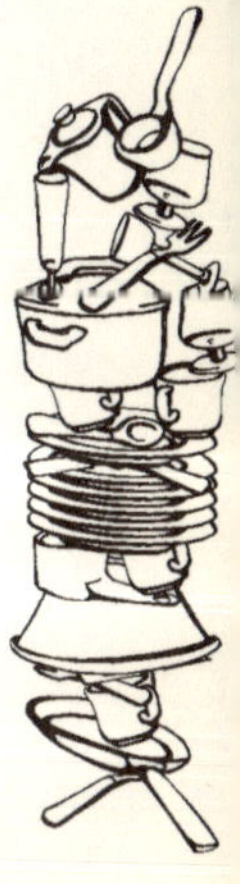

9. Auch Eier gehören in den Kühlschrank, da so die Keimbildung und der Fäulnisprozess verlangsamt werden. Am besten lässt du sie im Eierkarton, dann kullern sie nicht im Kühlschrank herum und können nicht kaputtgehen.

10. Mit diesem Grundvorrat ist der Junggeselle gut gewappnet für den nächsten Schneesturm, zwei Wochen Grippe oder den Überraschungsbesuch von ehemaligen Klassenkameraden:

    Reis
    Nudeln
    Zucker
    Marmelade
    Salz
    Kräuter und Gewürze (siehe Seite 175)
    Öl, Pflanzenfett
    Essig

    in Konserven:
    Fisch (Heringsfilet in verschiedenen Soßen, Thunfisch etc.)
    Fleisch (z. B. Gulasch, Rinderbraten, Rouladen)
    Wurst
    Obst (Ananas, Pfirsiche, Kirschen, Mandarinen)
    Suppen (Gulaschsuppe, Ochsenschwanzsuppe, Erbseneintopf)
    Nudelgerichte (Ravioli)

    in Tüten:
    Suppen (die Klassiker: Zwiebelsuppe, Tomatensuppe)
    Soßen (helle und dunkle Soßen)

als Pulver:

- Pudding (Vanille und Schokolade)
- Götterspeise
- Kartoffelpüree
- Kartoffelklöße
- Speisestärke
- Gemüsebrühe

Getränke:

- H-Milch
- Kaffee
- Tee
- Kakao

Der Eiertest ★★★★★

Wer nicht weiß, ob das Ei noch gut ist, kann es einfach in ein Glas Wasser legen. Bleibt es am Grund liegen, dann ist das Ei frisch. Schwimmt es jedoch an der Wasseroberfläche, solltest du es schleunigst entsorgen – dann ist es nämlich schlecht. Woran liegts? Je älter das Ei ist, desto mehr Wasser verdunstet in dem Ei und umso mehr Luft ist im Ei. Also steigt das Ei an die Wasseroberfläche. Ist das Ei noch älter, gesellt sich noch Schwefelwasserstoff hinzu, der auch den fauligen Geruch verursacht.

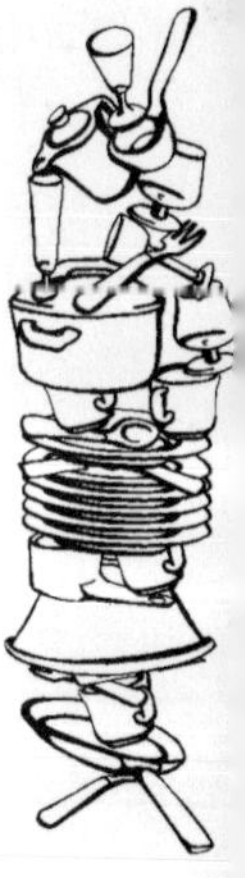

Was meint die Jury?

: ge-ni-al!

: Und wer trägt mir das Wasser beim Einkaufen?

: Der Tipp ist gut, nur steht neuerdings zumindest auf denen, die ich kaufe, ein Datum drauf. Dann nur noch mit dem Kalender vergleichen … fertig.

: Das Datum allein ist auch nicht immer zuverlässig, der Test jedoch immer!

: Perfekt, auf meinen Eiern steht kein Datum, aber jetzt weiß ich Bescheid! Volltreffer! :)

: Eine weitere Eigenart von Eiern ist, dass man ihnen nicht ansieht, ob sie bereits gekocht oder ob sie noch roh sind. Weitaus effizienter, als das Ei an die Wand zu feuern, ist, das Testobjekt auf dem Tisch um die eigene Achse zu drehen. Dreht es sich langsam, so ist es roh, da die Flüssigkeit im Innern hin und her schwappt. Dreht sich das Ei schnell, so ist das Ei innen hart, also gekocht.

: Die Eier beim sachten Drehen durch kurzes Antippen stoppen und gleich wieder loslassen. Bleibt es liegen, ist es gekocht, dreht es weiter, ist es roh. Die Trägheit der Flüssigkeit (Achtung, Physikunterricht!) führt dazu, dass sich die Flüssigkeit weiter dreht und mit ihr das Ei.

: Ich male immer mit dem Edding ein dickes »G« wie »Gekocht« aufs Ei, dann muss ich in der Früh nicht immer irgendwelche stressigen Versuche machen!

Lebensmittel leben länger

Obst, das frisch aussieht

Obst, das an- oder aufgeschnitten wurde, wird mit der Zeit an der Luft braun. Das hast du sicher schon mal bei Bananen oder Äpfeln beobachtet. Um das von vornherein zu verhindern, kann man das frische Obst kurz in Zitronensaft tauchen, bevor man es in die Schale legt. Nur in einem durchschnittlich chaotischen Junggesellenhaushalt wirst du nicht immer Zitronensaft finden. Salz hingegen schon, und das bewirkt Ähnliches. Wenn du also mal aus irgendeinem Grund knackig und frisch aussehendes Obst benötigst (zum Beispiel wenn du einen fruchtigen Nachtisch für deine kalorienbewusste Mutter zauberst, du aber nicht genau weißt, wann sie kommt, und das Obst in zwei Stunden immer noch lecker aussehen soll), nimmst du eine kleine Schale oder einen tiefen Teller, gibst etwas Wasser hinein und streust zwei bis drei Prisen Salz hinzu. Umrühren, bis sich das Salz vollständig im Wasser gelöst hat, und dann tunkst du die Banane oder was auch immer für ein paar Sekunden hinein. Die Banane wird nun an der Luft nicht braun (oder zumindest nicht so schnell), und überraschenderweise schmeckt sie später auch nicht nach Salz! Leider bekommt »braunes« Obst nicht wieder seine ursprüngliche Farbe zurück.

Überreifes Obst vermeiden ★★★★★

Nie Äpfel zusammen mit anderen Obstsorten (z. B. Bananen) in einem Fach aufbewahren. Äpfel sondern ein Reifegas ab, welches andere Obstsorten aufnehmen und so selbst schneller reifen und dann braun werden. Also Äpfel vom Rest trennen, und dann bleiben die Bananen & Co. selbst länger knackig.

Was meint die Jury?

: Jetzt weiß ich, warum selbst meine grünen Bananen in null Komma nix auch schwarz werden. Sie liegen immer schön hübsch drapiert auf den leckeren Äpfeln.

: Dieser Effekt kann aber auch nützlich sein. Wenn du unreifes Obst schneller gereift haben möchtest, pack einen Apfel mit dem unreifen Obst in einen Gefrierbeutel oder eine Plastiktüte, gut verschließen und dann einige Tage liegen lassen. Das Gas des Apfels reift selbst steinharte Kiwis weich.

: Funktioniert auch bei Avocados, die beim Kauf meist noch hart sind. Damit du sie bald verzehren kannst, wickelst du sie zusammen mit einem Apfel in eine dicke Lage Zeitungspapier und lässt sie bei Zimmertemperatur ruhen. Der Apfel dünstet ja das Gas aus, das die Avocadoreifung beschleunigen hilft.

: Dieses »Reifegas« nennt sich Ethylen. Es lässt Obst oder Gemüse schneller reifen. Äpfel und Tomaten sondern dieses Gas nach und nach ab. Besonders »Ethylen-empfindlich« sind auch Brokkoli und Gurken.

Erdbeeren, die schmecken

Da Erdbeeren schnell an Geschmack verlieren, solltest du sie, nachdem du sie gekauft oder gepflückt hast, sofort verdrücken oder verarbeiten. Aufbewahren lassen sie sich eigentlich nur von einem Tag auf den nächsten, auf einem Teller oder Blech ausgebreitet, da sie sehr druckempfindlich sind, an einem kühlen Ort, zur Not auch im Kühlschrank.

Karotten länger frisch halten ★★★★★

Karotten mit Grünzeug dran sehen gesund aus, wenn du aber deine Möhren dann in den Kühlschrank legst, werden sie innerhalb weniger Tage alt, trocken und schrumpelig. Damit das nicht passiert, solltest du das Grünzeug einfach komplett entfernen, bevor du die Karotten in den Kühlschrank beförderst. Das Grün entzieht nämlich dem Gemüse das Wasser.

Was meint die Jury?

- Das Gleiche gilt für jedes andere Gemüse auch: Radieschen, Kohlrabi etc. Blätter abmachen, sonst ziehen diese den Saft aus dem knackigen Gemüse.

- Sollten doch einmal ein paar Möhren alt geworden sein, dann ist das hier mein Tipp: Schrumpelige Karotten legst du einfach für eine Weile ins Wasser. Die Möhre, die ja eine Wurzel ist, saugt sich mit Wasser voll und wird wieder knackig. Funktioniert also leider nicht mit Äpfeln oder Gurken. (Und jetzt kommt mir bitte keiner mit dem Kommentar »Nicht alt werden lassen, nur wenig und dafür häufiger kaufen, dann sind sie immer frisch.« Mag ja sein, dass ihr so organisiert seid, ICH bin es nicht!)

- Das funktioniert auch mit Tomaten, die schon leicht matschig geworden sind. Einfach fünf Minuten in eiskaltes Wasser legen, und schon sind sie wieder schön knackig.

Salz, das nicht klumpt

In jeden aufgeräumten Junggesellenhaushalt gehört ein Salzstreuer. Den braucht man immer wieder – mal für die Nudeln, mal für das Obst-Tuning (siehe oben). Dummerweise zieht das Salz Feuchtigkeit an und klumpt im Salzstreuer zusammen. Hier hilft Reis. Einfach ein paar Körner in den Salzstreuer geben, und schon rieselt das Salz. Das funktioniert auch mit einer rohen Nudel. Der Reis oder die Nudel nehmen die Feuchtigkeit auf, und dein Salz klebt nicht zusammen.

Wiener Würstchen, die wieder knackig werden

Du hast dir 20 Wiener Würstchen warm gemacht. Dummerweise waren die Augen mal wieder größer als der Magen, und du hast nur 18 verputzt. Wohin mit den restlichen zwei? Wegwerfen willst du sie nicht, aber auf verschrumpelte Würstchen hast du am nächsten Tag auch keine Lust mehr. Kein Problem. Einfach das restliche Wasser aus dem Topf gießen, die Würstchen drinlassen und frisches kaltes Wasser in den Topf füllen. Deckel drauf und ab in den Kühlschrank. Am nächsten Tag wirst du feststellen, dass die Würstchen keineswegs verschrumpelt sind. Die Würstchen im Topf wieder aufwärmen (nicht zu heiß, sonst platzen sie) – schmeckt wie am Tag zuvor.

Meisterkoch

Bereite ein Romantik-Menü!

Freitag, 7 Uhr

Habe mir einen Tag Urlaub genommen, damit ich alles perfekt vorbereiten kann. Das Feuer ist entfacht, die Messer sind geschärft, wo ist das Federvieh?

Guten Morgen, Ingo,
halt, halt, bevor es ans Kochen geht, hier noch einige Fertigkeiten, deren Beherrschung für das weitere Gelingen deines Romantikdinners von entscheidender Bedeutung sind.

Schälen, schneiden, auspressen

Selbst der härteste Junggeselle muss weinen, wenn er Zwiebeln schneidet. Es gibt aber ein paar nützliche Tricks, mit denen Tränen der Vergangenheit angehören.

Cheat – Zwiebelschälen

1. Du trägst Kontaktlinsen? Glückwunsch! Die Kontaktlinsen sind ein guter Schutz gegen Tränen beim Zwiebelnschneiden.
2. Zwiebeln vorher in den Kühlschrank legen. Kalte Zwiebeln »dünsten« weniger aus.
3. Einfach das Messer (bitte scharf!), das Brett und die Zwiebel vorher mit kaltem Wasser abwaschen.

4. Schneide die Zwiebel in der Nähe eines geöffneten Fensters. Den Kopf etwas zur Seite in Richtung Fenster strecken.
5. Beim Schneiden einen Schluck Wasser in den Mund nehmen, damit du gezwungen wirst, durch die Nase zu atmen. Dadurch macht sich der Tränenreiz weniger bemerkbar.
6. Falls du eine Dunstabzugshaube über dem Herd hast: Abzug einschalten und darunter Zwiebeln schneiden. Den Kopf so weit wie möglich wegstrecken.
7. Sieht bescheuert aus, hilft aber garantiert: Taucherbrille aufsetzen.

Knoblauch schmeckt nicht nur umwerfend, hinterher riechst du auch umwerfend. Trotzdem: Wer einen Single-Haushalt führt und am nächsten Tag alleine zu Hause bleiben will, der sollte sich öfters mal an Knoblauch wagen. Er gibt vielen Gerichten den »letzten Schliff«. Damit du den Knoblauch besser schälen kannst, empfiehlt es sich, die Schale der einzelnen Zehen vorher zu »knacken«. Also einfach eine Knoblauchzehe nehmen mit der flachen Seite eines großen Messers (es gehen natürlich auch andere flache Gegenstände aus der Küche oder – sieht cool aus – die flache Hand) auf die Zehe drücken (evtl. etwas hin und her reiben), bis es knackt. Danach lässt sich die Schale wesentlich leichter entfernen.

Ein paar *Gurken*-Scheiben auf dem Wurstbrot sind eine feine Sache. Dumm nur, wenn du keinen Hobel hast, um sie zu schneiden. Denn dann muss man die kleinen grünen Dinger mit dem Messer schneiden, und das ist manchmal gar nicht so einfach. Doch auch hier gibt es einen Trick: Einfach mit einer Gabel quer in die kleine Gurke stechen und mit dem Messer der Länge nach zwischen den Zinken schneiden.

Tomaten lassen sich am besten schälen, wenn man etwas Wasser zum Kochen bringt und sie für ungefähr 10 bis 20 Sekunden in das Wasserbad legt. Danach lässt sich die Haut ganz einfach abziehen.

Paprikas enthalten viele Vitamine. Es ist also gesund, sich hin und wieder mal eine »Ampelpackung« aus dem Supermarkt mitzunehmen. Nur was dann? Wie jedes Gemüse wäschst du die Paprika zunächst mit Wasser. Danach halbierst du sie mit einem Messer. Im Inneren hängen am grünen Stielansatz die Kerne, den du nun mitsamt den Kernen mit dem Daumen herausbrichst. Sollten noch ein paar Kerne in der Paprika hängen bleiben, drehst du die Paprika einfach um (so dass die aufgeschnittene Seite nach unten zeigt) und klopfst mit der stumpfen Seite deines Messers ein paar Mal auf die Paprika. Die Kerne lösen sich und fliegen heraus. Sollte sich noch weißes weiches Fruchtfleisch im Inneren der Paprika befinden, so schneidest du dies einfach heraus.

Zitrusfrüchte ausdrücken ★★★☆☆

Wenn du den Saft aus einer Zitrone oder Orange (oder einer anderen Zitrusfrucht) pressen willst, so solltest du zuerst die Frucht vor dem Aufschneiden mit leichtem Druck hin und her rollen. Dadurch löst sich der Saft beim Auspressen wesentlich besser vom Fruchtfleisch und du hast mehr davon.

Was meint die Jury?

- So lassen sich die Früchte auch besser schälen!
- Alter Tipp, aber good 2 know!

Braten und kochen

Bevor du das Fleisch *zum Braten* in die Pfanne legst, sollte das Fett richtig heiß sein. Dies hat den Vorteil, dass sich die Poren deines Schnitzels sofort schließen – es kann kein leckerer Fleischsaft austreten, und es wird auch nicht so viel Fett vom Fleisch aufgenommen. Wenn du einen Bratenwender oder einen Kochlöffel aus Holz ins Fett hältst, kannst du ganz leicht prüfen, ob das Fett die richtige Temperatur besitzt. Bilden sich Bläschen um das Holz, ist das Fett heiß genug. Jetzt kannst du das Fleisch in die Pfanne legen.

Liegt dein Steak erst mal in der Pfanne, solltest du es nicht mit einer Gabel wenden. Durch das Einstechen kann der Bratensaft entweichen, und dein Fleisch ist nicht mehr so saftig. Deshalb immer einen Bratenwender und evtl. die Finger benutzen (Vorsicht, heiß!).

Cheat – Fettspritzer vermeiden

Nerviges »Gespritze« beim Braten kannst du reduzieren, wenn du Folgendes beachtest:

1. Nur wenig Fett benutzen, ist sowieso gesünder.
2. Nicht bei voller Temperatur braten, die mittlere Hitze tut es allemal.
3. Etwas Salz in das Fett geben, es entzieht dem Fett Wasser.
4. Ein Deckel oder – noch besser – ein Pfannensieb wirkt Wunder.
5. Eine trockene Scheibe Brot mitbraten.

Hin und wieder solltest du dir auch mal etwas frisches *Gemüse kochen.* Wie wärs mit Brokkoli? Brokkoli kocht man ähnlich wie Nudeln – es ist also ziemlich leicht. Vor dem Kochen solltest du den Brokkoli in kleine Röschen teilen. Wasser aufsetzen, Salz rein, wenn das Wasser kocht, das gute Gemüse für maximal fünf Minuten kochen. So bleibt es schön knackig, und nicht allzu viele Vitamine gehen verloren. Danach den Brokkoli in ein Nudelsieb schütten. Auf diese Art kannst du auch Blumenkohl (10–15 min), Kohlrabi (in Würfel oder Scheiben geschnitten, 10–15 min), gelbe Rüben (10–15 min) oder frische Erbsen (10 min) zubereiten.

Milch macht nichts lieber als *Überkochen.* Doch es gibt ein paar Tricks, die das verhindern können. Zum Beispiel kannst du den Kochtopf vorher mit kaltem Wasser ausspülen. Eine weitere Möglichkeit ist, eine Glaskugel (Murmel) mit in den Kochtopf zu geben. Sobald die Milch warm wird, beginnt sich die Kugel auf dem Topfboden zu bewegen und rührt so selbstständig die Milch um.

Du kannst das Überkochen auch hinauszögern, indem du den Topfrand mit etwas Butter einreibst. Doch die dickste Butterkruste hilft nichts, wenn du die Mich auf dem Herd vergisst. Deshalb gibt es nur eine effektive Methode, die wirklich vor angebrannter oder übergekochter Milch schützt: Die Milch bei kleinster Stufe langsam und unter Rühren erhitzen und sie die wenigen Minuten, bis sie kocht, nicht aus den Augen lassen. Einen kleinen Trick gibt es allerdings noch: Versenke eine kleine Keramikscheibe in der Milch. Kurz bevor die Milch anfängt zu kochen, beginnt die Scheibe zu klappern und holt dich aus deinen Träumen. Herd aus und Topf vom Herd – fertig.

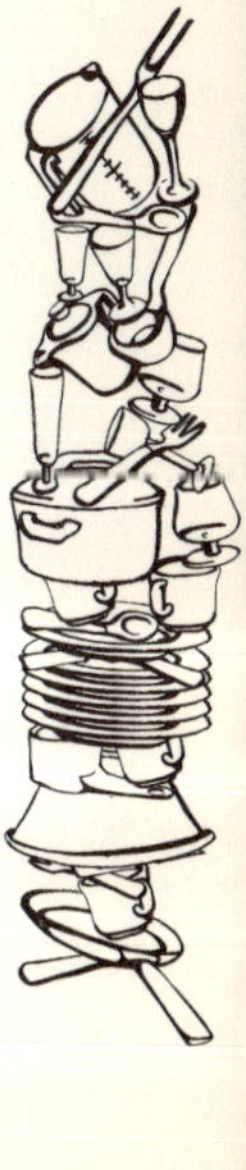

Suppe zu salzig?

Wem der Salzstreuer in den Topf gefallen ist, der muss nicht gleich verzweifeln. Am wirksamsten erweist sich bei versalzenen Speisen eine rohe Kartoffel. Diese in kleine Stücke schneiden und eine Weile mitkochen. Die Kartoffel nimmt einen Teil des Salzes auf. Sollte eine Kartoffel geschmacklich nicht zur Suppe passen, kannst du sie auch in ein Teeei oder ein Geschirrtuch packen und später wieder hinausnehmen. Das ist aber natürlich nicht so effektiv wie frei herumschwimmende Kartoffelstückchen. Es gibt auch die Möglichkeit, Reis, Nudeln oder ein Ei in die Suppe zu schmeißen, mit der Kartoffel erzielt man jedoch mit dem geringsten Aufwand das beste Ergebnis.

Auch möglich: Du schüttest mehr Wasser (bzw. Sahne, je nachdem was für eine Suppe du gerade kochst) hinzu. Allerdings besteht dann die Gefahr, dass die Suppe wieder zu dünn wird. Alternativ kannst du auch einfach einen oder mehrere Löffel Honig (oder Zucker) in die Suppe geben. Der Honig neutralisiert das Salz ebenfalls, allerdings wird dadurch die Salzkonzentration nicht geringer, was ein »ungesünderes« Essen zur Folge hat. Honig wirkt auch bei zu scharfem Essen.

Suppe zu dünn?

Wenn deine Suppe oder Soße zu »dünn« geworden ist, also die Viskosität zu wünschen übrig lässt, so hilft folgender Trick: Einfach etwas Kartoffelbrei aus der Tüte in die Suppe rühren, kurz nachdem diese aufgehört hat zu kochen.

Suppe/Soße klumpt?

Das ist dir sicher schon einmal passiert: Beim Zubereiten einer köstlichen Tütensuppe bildeten sich lauter Klümpchen. Damit dir in Zukunft nichts mehr verklumpt, nimmst du von nun an ein ausgedientes Gemüseglas mit Schraubverschluss und füllst das

Pulver zusammen mit der auf der Packung angegebenen Menge an Flüssigkeit (Wasser, Milch oder Sahne, je nachdem, was eben drauf steht) in das Glas. Deckel zudrehen und so lange kräftig durchschütteln, bis keine Klümpchen mehr zu sehen sind. Danach das Ganze einfach in den Topf schütten und kochen.

Auch Salatdressings lassen sich auf diese Weise zubereiten und ganz leicht im Kühlschrank aufbewahren.

Innen kalt und außen schwarz?

Vor allem bei Tiefkühlfleisch kommt es immer wieder vor, dass das ersehnte Stück Fleisch außen schwarz und innen noch tiefgefroren ist. In Zukunft solltest du dich bei der Zubereitung in mehr Geduld üben. Stell nach kurzem Anbraten den Herd auf niedrige Hitze und benutze einen Deckel. So wird das Fleisch in deiner Pfanne langsam und gleichmäßig erhitzt.

Ein bereits verkohltes Essen lässt sich leider nur bedingt retten: Du kannst versuchen, die angebrannten Stellen vorsichtig mit einem scharfen Messer abzuschneiden. Das Fleisch wird dann in einer anderen Pfanne noch einmal angebraten. (Eignet sich vor allem bei Kurzgebratenem.) Bei einem großen Braten kann man das Malheur kaschieren, wenn man die verbrannte Schicht wegschneidet und den Braten anschließend in Scheiben zerlegt, anrichtet und mit Soße begossen serviert.

Essen übergekocht?

Schnell den Topf vom Herd nehmen, um das Schlimmste zu verhindern. Dann vorsichtig (Herdplatten können heiß sein) mit einem nassen Lappen das Gröbste wegwischen und darauf achten, dass nichts einbrennt. Der Topfinhalt ist meistens noch genießbar. Also die Temperatur am Herd zurückschalten, etwas warten und dann weiterkochen. Wie du Milch am Überkochen hinderst, steht auf Seite 91.

Essen schmeckt angebrannt?
Angebranntes Essen bleibt leider angebrannt. In manchen Fällen kann man die ungenießbaren Stellen abkratzen oder -schneiden (siehe oben). Meistens, z. B. beim Reis, der gerne durchzieht, bleibt leider doch nur der Weg zum Mülleimer. Deshalb: Vorsichtig erhitzen, immer umrühren/wenden und das Essen nicht aus den Augen lassen.

Freitag, 16 Uhr

Gut, gut, alles kann schief gehen. Ich möchte aber jetzt endlich anfangen, sonst schaff ich es nicht mehr.

Lieber Ingo,
hier kommen die Rezepte.

Kochkurs Level 2
Menüs kochen

Vorspeisen

Nudeln mit Lachs

Das Entree für einen romantischen Abend. Superschnell, supergünstig und superlecker. Für die Lachs-Sahne-Soße brauchst du für zwei Personen:

eine Zwiebel
zwei Lachsfilets (gibts in der Tiefkühltruhe im Supermarkt, geht aber natürlich auch frisch)
Basilikum (am besten frischen)
zwei Becher Sahne
etwas Mehl und Butter
Olivenöl
ein Suppenwürfel oder zwei Teelöffel Instantbrühe
etwas Weißwein

Die Zwiebel würfeln und in etwas Öl anbraten. Basilikum hinzugeben und mit dem gewürfelten Lachs garen. Mit etwas Salz und Pfeffer würzen. Danach die Sahne, einen Schuss Weißwein und den Brühwürfel (bzw. die Instantbrühe) in den Topf geben. Falls dir die Soße zu dünn ist, kannst du aus Mehl und Butter eine Mehlschwitze (siehe unten) zubereiten und hinzugeben. Das Ganze lässt du etwas köcheln. Nudelnkochen läuft nebenbei. Falls vorhanden und wenn der Anlass es erfordert, die Teller mit frischen Basilikumblättern garnieren.

Wenn du auf deine Linie achtest, lässt du die Sahne und die Mehlschwitze weg und brätst stattdessen etwas Gemüse, z. B. Zucchini und Paprika, mit an. Dazu noch eine Packung passierte Tomaten rein, aufkochen, und fertig ist die Light-Variante.

Komplettlösung – Mehlschwitze

Eine Mehlschwitze, auch Einbrenne, Einbrenn oder Schwitzmehl (französisch: Roux) genannt, dient zum Andicken von Soßen und Suppen. Der Trick: Die Mehlschwitze bindet die Flüssigkeit.

Die Zubereitung ist relativ leicht: Du erhitzt etwas Butter (oder ein anderes Fett, je nach Rezept) in einem Topf oder einer Pfanne. Dann schüttest du helles Mehl dazu und rührst ständig um (das nennt man dann »anschwitzen«). Du solltest die Mehlschwitze, wenn sie fertig ist, mit einer geeigneten Flüssigkeit ablöschen und glatt rühren, bevor du sie dann in das Gericht deiner Wahl kippst. Ansonsten gibts Klumpen. Hast du die Mehlschwitze abgelöscht, musst du sie noch mindestens 15 Minuten knapp unter dem Siedepunkt garen, damit die Stärke aufgeschlossen wird und binden kann.

Neben der hier vorgestellten weißen Mehlschwitze gibt es noch die braune und die blonde. Braune und blonde Mehlschwitzen werden wie die weiße Mehlschwitze zubereitet, wobei »weiß, braun und blond« den jeweils gewünschten Bräunungsgrad des Mehls vorgeben. Aber auch bei der braunen Mehlschwitze darauf achten, dass das Mehl ständig umgerührt wird, sonst wird es eine schwarze Mehlschwitze, und die gibt es nicht. Braune Mehlschwitzen werden für dunkle Soßen wie Zwiebelsoße oder Bratensoßen und auch für Linsengerichte verwendet. Die blonde Variante benötigt man für Buttersoßen.

Außer zur Bindung von Soßen und Suppen werden aus Mehlschwitzen auch eigenständige Soßen abgeleitet, z.B. »Sauce Bechamel« oder »Sauce Mornay«.

Spargeltorte

Für dieses Rezept benötigst du eine runde Kuchenspringform.

250 g Toastbrot
500 g weißer Spargel
500 g grüner Spargel
100 g zerlassene Butter
200 g feine Schinkenwürfel
4 Eier
250 g süße Sahne
3 EL geriebener Käse
gehackter Schnittlauch, Pfeffer, Salz, Muskat

Die Toastbrotscheiben entrindest du und verteilst sie gleichmäßig in eine gefettete 26er-Springform. Den Spargel (weiß und geschält) 20 Minuten, den grünen 10 Minuten mit einer Prise Salz und Zucker und etwas Wasser garen, kurz abkühlen lassen und dann sternförmig auf dem Toast verteilen. Die Schinkenwürfel in wenig Butter anrösten und mit der restlichen zerlassenen Butter auf die Spargel geben. Dann vermengst du Eier, Sahne, geriebenen Käse, gehackten Schnittlauch und die Gewürze miteinander. Diese Masse kippst du auf die Spargeltorte und stellst sie bei 200° C (vorgeheizt) für ca. 15 Minuten in den Backofen. Vor dem Servieren haust du noch gehackten Schnittlauch darüber.

Krabbencocktail

Sehr fein und macht echt Eindruck! Du brauchst für 1–2 Personen:

1 Döschen Krabben in Lake
1 kleines Glas Miracle Whip
Ketchup
½ Eisbergsalat
1 Schlückchen Gin oder Wodka

Den Eissalat waschen und in feine Streifen schneiden. In einer Schüssel mischst du Miracle Whip und Ketchup, bis ein intensives Rosa entsteht. Einen Schuss Lake dazu und einen Schluck Schnaps (dann schmeckt es weniger fett). Gut rühren. Die Krabben hinein und kühlen. Auf dem geschnittenen Salat anrichten und heißen Toast dazu reichen.

Alternativ kannst du auch gleich fertige Cocktailsoße nehmen und evtl. die Krabben noch mit Mandarinen oder einem geschnittenen Ei dekorieren.

Salat

Um dich wenigstens ein bisschen gesund zu ernähren, solltest du hin und wieder mal einen Salat essen. Das Dumme am Salat ist nur, dass du oft vor zwei für dich schier unlösbaren Problemen stehst. Erstens: »Wie mache ich ein Salatdressing?« und zweitens: »Ich hab keinen Bock auf Salatputzen!« Deshalb haben wir hier ein paar hilfreiche Tipps für dich, die dir die Angst vor dem Salatmachen nehmen.

Komplettlösung – Salat putzen

1. Die Zubereitung eines Blattsalats beginnt bereits beim Kauf. Du solltest dir im Supermarkt oder beim Gemüsehändler einen Salat heraussuchen, der nur wenige braune Stellen hat und appetitlich aussieht. Du hast mehr vom Salat und du sparst dir Arbeit beim Salatputzen.

2. Wenn du dir einen Salat gekauft hast, musst du ihn erst einmal waschen. Fülle dein Spülbecken mit Wasser. Dann entferne vom Salatkopf die äußeren Blätter und entsorge sie. Das gilt auch für alle braunen Stellen. Danach rupfst du mit den Fingern die Blätter ab und reißt sie in mundgerechte Stücke. Mundgerecht bedeutet, dass man die Blätter in den Mund stecken können soll, ohne dass man sich den Kiefer

dabei ausrenkt. Niemals ein Messer verwenden. Wenn du den Salat schneidest, werden die Schnittflächen innerhalb kurzer Zeit braun. Je mehr Mühe du dir gibst und je kleiner die Stücke werden, desto besser kannst du den Salat nachher anrühren und essen.

3. Die mundgerechten Salatblätter wirfst du ins Wasser. Hast du alle Blätter klein gerupft, wäschst du sie im Waschbecken (ein paar Mal mit den Händen herumrühren).
4. Danach holst du den Salat wieder heraus und legst ihn in dein Nudelsieb.
5. Ist das Wasser gut abgetropft, kannst du ihn mit deinem sagenhaften Salatdressing zubereiten. Dazu einfach den Salat in eine Schüssel geben und mit dem Dressing vorsichtig vermengen.
6. Für ganz Faule: Es gibt gewaschenen und gerupften Salat auch abgepackt zu kaufen.

Und wie sieht so ein Dressing aus?

Ein Salatdressing aus Essig und Öl schmeckt lecker, eignet sich für nahezu jeden Salat und ist mit ein bisschen Übung schnell gemacht. Für maximalen Geschmack bei minimalem Aufwand brauchst du:

Essig (für Feinschmecker: Balsamico)
Öl (am besten Olivenöl, extra nativ)
Salz
Pfeffer
Senf
getrocknete Salatkräuter (gibts inzwischen in jedem Supermarkt in Schraubgläsern)

Zum Süßen: Zucker oder Apfelsaft
evtl. 1 kleine Zwiebel

Da sämtliche Zutaten sich lange halten, ist es überhaupt kein Problem, sie immer parat zu haben. Die Zubereitung: Zuerst würfelst du die Zwiebel in eine Salatschüssel. Dann schüttest du etwas Öl und etwas Essig im Verhältnis 2:1 dazu. Das Verhältnis kann variieren, je nach Geschmack. Hier ist deine Kreativität gefragt. Danach streust du eine gute Prise Salz und Pfeffer dazu. Zum Schluss gibst du etwas Salatkräuter, einen Löffel Senf und etwas Zucker oder einen Schuss Apfelsaft hinzu. Die Salatkräuter geben deinem Dressing ohne großen Aufwand die nötige Würze, und der Senf wirkt als Emulgator. Das ist nichts Unanständiges, der Senf verbindet lediglich Essig und Öl. Fertig ist dein Salatdressing, das du nun für alle möglichen Salate verwenden kannst: Eissalat, Kopfsalat, Endiviensalat, Tomatensalat und so weiter.

Falls dein erstes Salatdressing nicht ganz so gelungen sein sollte, lass dich nicht entmutigen. Es dauert seine Zeit, bis du ein Gespür für die richtigen Mengen hast. Beim nächsten Mal klappts schon besser.

Rucolasalat mit Birnen und Parmesan

Ein leckerer und einfach zuzubereitender Sommer- oder Herbstsalat. Du brauchst:

1 Rucolasalat
1–2 reife saftige Birnen (mit harten unreifen schmeckts nicht)
100 g frischen Parmesan
1–2 Zitronen
Zucker, Salz, Pfeffer

Den Rucolasalat lesen, waschen und gut abtropfen lassen. Dann raspelst du den Parmesan in feine Scheiben. Zitrone(n) auspressen. Den Zitronensaft schmeckst du mit einer Prise Zucker, Salz und etwas Pfeffer ab. Danach halbierst du die Birne(n), entkernst sie und schneidest die Hälften in möglichst dünne Scheiben (wer die Schale nicht mag, vorher schälen). Das solltest du zuletzt machen, damit die Birnen nicht an der Luft braun werden, während du noch mit der Zubereitung beschäftigt ist. Pro Portion häufst du auf einem Teller ein Häufchen Rucola an, dann gibst du die Birnenscheiben und Parmesanraspel darüber, zum Schluss gut mit Zitronensaft überträufeln. Fertig. Oder einfach alles in einer Schüssel mischen.

Paprika-Mais-Salat

Hier kannst du dich mal ordentlich verausgaben. Es ist viel Schnippelarbeit, zumindest wenn du eine partytaugliche Portion für 12–14 Personen zubereitest.

Zutaten für vier Personen:

3 Stück Paprikaschoten (je 1 rot, grün, gelb)
4 Stück mittelgroße Tomaten
1 Stück mittelgroße Zwiebel
1 Dose Maiskörner
125 ml Mayonnaise
1–2 EL Essig (so ziemlich 2)
mindestens ½ EL Zucker
2–3 Prisen Salz, viel Pfeffer
Maggi-Würze flüssig (mindestens 4 lange »Spritzer«)

Zuerst wäschst du die Paprikaschoten, halbierst sie längs, befreist sie vom Kerngehäuse und schneidest sie in Querstreifen. Dann halbierst du die Tomaten und würfelst sie. Das Gleiche machst du mit den Zwiebeln. Aus der Maisdose lässt du die Flüssigkeit ablaufen.

Aus Mayonnaise, Essig, Zucker, Salz und Pfeffer stellst du eine Marinade her, evtl. musst du mit etwas Wasser verdünnen. Dann mischst du Paprika, Tomaten, Zwiebeln und Mais mit der Marinade, evtl. nachwürzen.

Vor dem Servieren etwa eine Stunde (oder länger) im Kühlschrank durchziehen lassen und dann abschmecken.

Der Salat verliert bei kühler Lagerung nicht an Qualität und schmeckt auch am Tag darauf noch richtig gut.

Fruchtiger Porreesalat

Zutaten für vier Personen:

2 Stangen Porree/auch Lauch genannt
1 Stück Fleischwurst (oder Geflügelwurst)
1 kleine Dose Ananas
2 Äpfel mit Schale
1 Glas Remoulade mit Kräutern
etwas Pfeffer und Salz

Porree in feine Ringe, die Fleischwurst in kleine Würfel schneiden. Ananas und Äpfel ebenfalls würfeln. Du vermengst die klein geschnittenen Zutaten gut. Dann mischst du die Remoulade mit etwas Ananassaft und schüttest sie über den Salat. Abschmecken und einige Stunden durchziehen lassen. Fertig.

Tomatensalat

Tomaten gibt es nicht nur als Ketchup, wieso also nicht mal einen Salat daraus machen? Du benötigst für vier Personen:

500 g Tomaten
½ Schafskäse oder 1 Mozarella
1 Zwiebel
Öl (am besten Olivenöl)
Essig
Salz, Pfeffer
Salatkräuter
etwas Zucker oder Apfelsaft
Senf

Tomaten waschen und klein würfeln. Dabei nicht vergessen, den grünen Stielansatz herauszuschneiden. Den Käse würfeln. Die Zwiebel nicht würfeln, sondern in Halbringe schneiden. Geht schneller und macht sich im Tomatensalat einfach besser. Danach bereitest du dein famoses Essig-und-Öl-Dressing zu – fertig.

Hauptspeisen

Entenbrust mit Estragonsoße

Mit dem Rezept kannst du die Dame deines Herzens schwer beeindrucken. Entenbrust gibts frisch vom Markt oder Geflügelhändler, unter Klarsichtfolie in der Kühltheke oder gefroren in der Tiefkühltheke im Supermarkt. Du hast dich noch nicht rangetraut? Hier ein Rezept, das dir einen Ruf als Meisterkoch bescheren wird:

Mit einem höllisch scharfen, spitzen Messer auf der Fleischseite der Entenbrust die so genannte Silberhaut entfernen. Lässt du sie dran, zieht sich beim Braten das Fleischstück zusammen und kann zäh werden.

Die dicke Schwarte auf der anderen Seite lässt du dran, schneidest sie aber im Schachbrettmuster ein, wobei die einzelnen Felder etwa Daumennagelgröße haben sollen.

Jetzt das Anbraten. Am besten nimmst du einen recht kleinen, beschichteten Topf, 16 cm Innendurchmesser. Wenn er richtig heiß geworden ist, legst du die Entenbrust zuerst mit der fetten Seite rein. Sofort füllt sich der Topfboden mit flüssigem Fett. Jetzt ist es an der Zeit, die Hitze zu reduzieren – das Fett soll nicht beginnen zu rauchen. Nach 2–3 Minuten drehst du das Brüstchen auf die Fleischseite und lässt es 8–10 Minuten brutzeln. Dann wird die zwischenzeitlich gewürzte (Salz, grober Pfeffer) Schwartenseite nochmal 5–7 Minuten gebraten. Jetzt auch die Fleischseite würzen. Die Dauer der Bratzeit ist von deiner persönlichen Vorliebe für rosa Fleisch abhängig. Bei der relativ langen Garung (18–20 Minuten) ist das Fleisch noch saftig und leicht rosa – optimal.

Jetzt packst du die gebratene Entenbrust dick in Alufolie ein. Während des Bratens hat sich die Flüssigkeit in den Kern zurückgezogen. Lass den Vogel nun 8–10 Minuten ruhen, bis das Fleisch durch und durch saftig ist.

Da die Entenbrust dich nicht zum Ausruhen braucht, kannst du dich jetzt an die Estragonsoße machen. Dazu erhitzt du etwas Bratensaft und einen Becher Sahne (Achtung, schäumt gerne auf und macht Sauerei!). Das würzt du mit Gemüsebrühe in Pulverform und einem guten Teelöffel Estragon. Sobald die Soße heiß ist, bindest du die Soße nun mit »Klassischer Mehlschwitze« von Mondamin.

Jetzt wird das Entenbrüstchen wieder ausgepackt, in etwa 5 mm dicke Scheibchen aufgeschnitten und auf zwei Teller verteilt. Soße drüber (nicht alles auf einmal) und zum Beispiel Spätzle dazu. Natürlich schmecken auch »normale« Nudeln sehr gut dazu.

Alles in allem benötigst du 30 Minuten für die Zubereitung dieses Gerichts.

Hier die Zutaten auf einen Blick:

1 Entenbrust
1 Becher Schlagsahne 200 ml
Estragon, getrocknet
Würze (z. B. klare Gemüsebrühe)
Klassische Mehlschwitze
Pfeffer, Salz
Spätzle, breite Nudeln oder was das Herz begehrt

Lachs aus der Spülmaschine ★★★☆☆

Du kannst mit deiner Spülmaschine kochen. Im Innern herrscht während des Spülgangs eine konstante Temperatur von ca. 80° C. Ideal um z. B. Fisch zu garen. Den Fisch würzen und die einzelnen Filets gut in Alufolie einwickeln. Am besten zweimal und zusätzlich noch in einen Backbeutel legen. Dann einschalten, und später gibts nicht nur sauberes Geschirr, sondern auch gleich noch einen perfekt gegarten Fisch. Dazu Kartoffeln.

Was meint die Jury?

: Iiiihhhh

: Ich habe das schon im Fernsehen gesehen. Hat funktioniert, sogar wenn Geschirr mitgewaschen wurde.

: Hey, toller Tipp – ich mach mir ja immer einen superzarten Schmorbraten, wenn ich von München nach Hamburg fahre – Motorhaube auf; in Alu gepackter Schmorbraten rein, Motorhaube zu und Abfahrt. Nach sieben Stunden hat man ein butterweiches Stück Fleisch …

: Ich spüle nur bei 55 Grad, funktioniert es da auch?

: Kein Witz, meine Schwiegermutter in Kanada hat so gekocht, weil der ganze Lachs zu groß für alle vorhandenen Töpfe war! Sie hat die Spülmaschine erst mal ohne Spülmittel laufen lassen, dann den Lachs gewürzt und gut verpackt in die Maschine gelegt. Später hat sie den Fisch mit leicht gerösteten Mandelscheibchen belegt, und allen hats geschmeckt, und keiner wollts glauben.

Seeteufel in Senf-Sahne-Soße

Wo wir gerade beim Fisch sind, hier noch ein Rezept. Du brauchst für vier Personen:

800 g bis 1 kg Seeteufel (geht während des Bratens ziemlich zusammen, deswegen die große Menge)
ein paar Limonen, alternativ Limonensaft
Salz, Pfeffer, Cayennepfeffer
2 bis 3 EL Butter
3 Schalotten
125 ml Weißwein
125 ml Fischbrühe ist ideal, normale klare Brühe tuts auch

200 ml Sahne
2 EL Senf (am besten grober Dijonsenf)
Speisestärke

Das Ganze geht relativ schnell – eine halbe Stunde in der Küche sollte reichen. Zuerst wäscht du den Seeteufel und tupfst ihn gut ab. Dann streust du ein wenig Limonensaft über die Filets, mit Salz, Pfeffer und Cayennepfeffer würzen und das Ganze 10 Minuten im Kühlschrank ziehen lassen.

Derweil kannst du die Butter erhitzen, vielleicht noch einen Spritzer Öl dazugeben, damit sie nicht braun wird. Dann brätst du die Seeteufel ca. 10–15 Minuten und nimmst sie danach raus aus der Pfanne und stellst sie warm.

Die (inzwischen fein gehackten) Zwiebeln schwitzt du ein wenig in der Pfanne an. Dann mit Weißwein und der Fischbrühe ablöschen, Sahne reinrühren und reduzieren lassen.

Jetzt kannst du der Soße mit Salz, Pfeffer, Cayennepfeffer, Limonensaft und ca. 2 EL Senf den nötigen Pepp geben. Wenn die Soße zu flüssig ist, kannst du sie mit Speisestärke ein wenig binden.

Dazu schmecken (grüne) Bandnudeln, Seeteufel drauf und Soße drüber, und dazu einen frischen Salat, zum Beispiel einen Tomatensalat mit frischen Kirschtomaten – fertig!

Nudeln mit Thunfischsoße

Und weil Fisch so gesund ist, gleich noch ein weiteres kleines, aber feines Fischrezept.

Zutaten für zwei Personen:

1 Dose Thunfisch
2 bis 3 Tomaten oder eine Dose geschälte Tomaten
evtl. Zwiebeln
150 g Sahne
1 EL Thymian
Nudeln (je nach Anzahl der Mitessenden bemessen)
ggf. Petersilie und Kapern

Die Zubereitung beginnt damit, dass du die Nudeln nach Packungsanweisung kochst. Danach erhitzt du in einer Pfanne etwas Öl, und, wer mag, dünstet darin eine klein geschnittene Zwiebel an. Die Tomaten (aus der Dose werden sie natürlich zuvor abgegossen) würfeln und in die Pfanne geben. Sahne dazu und alles etwas einkochen lassen (umrühren nicht vergessen!). Nun den Thunfisch gut unterrühren und den Thymian hinzugeben. Mit Salz und Pfeffer abschmecken. Anschließend mischst du die Nudeln kräftig unter. Wer Lust hat, kann nun noch gewogene Petersilie dazugeben und klein geschnittene Kapern. Das Besondere dieses Gerichts ist, dass du es sehr gut warm und auch kalt essen kannst, quasi als Salat.

Spaghetti de luxe

Im Level I hast du die Starter-Version kennen gelernt. Hier nun das Rezept für echte Profis.

Zutaten für vier Personen:

1 Bund Suppengrün (findest du beim Gemüseregal, besteht meistens aus einem Stück Sellerie, etwas Lauch, Karotten etc.)
1 große Zwiebel
1 große Dose geschälte Tomaten
Tomatenmark
3–4 Nelken
1 guter Teelöffel Meersalz
3–4 Knoblauchzehen
Majoran
Thymian
getrockneter Chili
ein guter Schluck Rotwein

Das klein gehackte Gemüse und die feinen Zwiebelstückchen in Olivenöl andünsten. Dann die übrigen Zutaten dazugeben, wobei du keinesfalls auf die Nelken verzichten solltest. Das Ganze aufkochen und zugedeckt bei geringster Hitze – solange es dein Hunger erlaubt – auf dem Herd lassen (der Fachmann nennt das

»simmern«). Ab und zu hebst du den Deckel und verdünnst die Soße mit Rotwein. Zum Schluss, also vor dem Servieren, nimmst du die Nelken wieder raus. So gut sie die Soße auch machen, wenn man draufbeißt, ist das nicht so schmackhaft.

Eine gute italienische Mama nimmt sich zur Zubereitung übrigens sehr viel Zeit – mehrere Stunden. Auch hier gilt: Je länger, je besser!

Natürlich kannst du auch eine Bolognese mit diesen Zutaten zaubern. Dann gibst du eben noch etwas Hackfleisch und fein gewürfelten Speck hinzu.

Die Pasta, die du dazu machst, bitte al dente! Die Sorte ist nebensächlich (nur keine Lasagne-Platten).

Eine Kerze auf den Tisch, ein gutes Fläschchen Rotwein entkorkt, Paolo Conte aufgelegt und los gehts. Wer immer auch mitessen darf, die Begeisterung kennt keine Grenzen. Was als Nachtisch vernascht wird, wird sich zeigen.

Tortellini in Salbei-Butter – raffiniert und simpel

Wenns italienisch sein, aber nicht so lange dauern soll:

fertige Tortellini mit Fleisch oder Käsefüllung
ein Stück Butter
pro Person ca. 4–5 Salbeiblätter und je 3 zur Dekoration (gibts im Supermarkt oder auf dem Balkon, Blätter lassen sich auch einfrieren)

Die Tortellini kochst du nach Packungsanweisung. Derweil schnappst du dir eine große Pfanne und haust die Butter rein. Dann brätst du die Salbeiblätter (bis auf die Dekorationsblätter) unter Rühren leicht an (Achtung, nicht hart werden lassen und Butter nicht zu stark bräunen!). Die Tortellini unterziehen und mit den restlichen Blättern dekoriert servieren.

Lasagne Bolognese

Es muss nicht immer Fertiglasagne sein. Nimm dir einfach mal eine Stunde fürs Kochen Zeit, und schon hast du deine erste eigene Lasagne, die wirklich schmeckt. Das folgende Rezept ist für vier Personen gedacht. Die Lasagne besteht insgesamt aus zwei Hauptkomponenten, einer Fleischsoße und einer Käsesoße.

Die Fleischsoße:

2 EL Speiseöl erhitzen
500 g Hackfleisch (halb/halb) anbraten
200 g Zwiebeln würfeln *und 2 Knoblauchzehen* schneiden und mitdünsten
70 g Tomatenmark aus der Dose
⅛ l Rotwein (kann ruhig ein guter sein)
⅛ l Wasser
Salz, Pfeffer, Paprika edelsüß
½ Bund Basilikum (vorsichtig abspülen, abtupfen und Stiel abzupfen, nur die Blätter werden benötigt)
Alles 15 Minuten schmoren lassen und evtl. nachwürzen.

Die Käsesoße:

40 g Butter zerlassen
40 g Mehl anschwitzen
mit 625 ml Milch (⅝ l) ablöschen
aufkochen lassen
125 g mittelalten Gouda unterrühren
kochen und mit Salz, Pfeffer und Muskat abschmecken

Nun wird die Lasagne zusammengestellt: Du benötigst noch 750 g Tomaten aus der Dose, Lasagnenudeln und 2 Bund Basilikum (diesmal hacken). Eine Auflaufform ausfetten und dann abwechselnd Lasagnenudeln, Hackfleisch, Tomaten und Käsesoße einfüllen. Mit der Käsesoße abschließen und zuletzt den Käse (auch mittelalten Gouda) darüberstreuen. Bei 200–225° C 40 Minuten im Backofen backen.

Die asiatische Küche haben wir bisher nicht bedacht. Asiatisch angelehnt kochen ist aber gar nicht so schwer. Hier zwei einfache Rezepte.

Curry-Sahne-Hühnchen

Für zwei Personen braucht man:

zwei Hähnchenbrustfilets
eine Banane (kann schon etwas älter bzw. brauner sein)
zwei Scheiben Ananas (in Stücken geht natürlich auch)
eine Flasche Currysoße
einen Becher Sahne (200–250 g)
Reis und/oder Nudeln (am besten Penne Rigate)

Die Banane und die Ananas mit dem Pürierstab fein pürieren und mit der Currysauce und der Sahne gut verrühren. Die Hähnchenbrustfilets in eine feuerfeste Form legen (ggf. vorher anbraten, ist aber nicht nötig), mit der Soße übergießen und im Backofen bei ca. 180° C ca. 30 Minuten backen. Dazu gibts entweder Reis oder Nudeln – oder auch beides.

Putenfleisch in Kokosmilch

Zutaten für vier Personen:

1 Dose Kokosmilch (bekommst du in vielen Supermärkten oder im Asienshop)
Putenfleisch (am besten ein Kilopaket)
Naturreis
Gelbe Paprika und Zucchini
Cocktailtomaten
Curry, Knoblauch, Salz, Pfeffer und Zucker

Fleisch mundgerecht schneiden und in Curry, Knoblauch und Öl einlegen. Den Reis gleich aufkochen, da Naturreis ca. 25 Minuten braucht. Wie das geht, weißt du ja. Das Fleisch anbraten und in eine backfeste Form geben. Mit der Kokosmilch aufgießen und mit reichlich Curry würzen. Salz und Pfeffer drüberstreuen und etwas Zucker hinzugeben. Die Cocktailtomaten auch gleich mit rein. Ab damit in den Backofen und ca. 20 Minuten bei etwa 180° C backen. Die Paprika und Zucchini würfeln, kurz andünsten und dann zu dem Reis geben.

Manche mögens scharf: Richtig feurig wirds, wenn du noch ein bis zwei Chilischoten in die Kokossoße gibst und das Fleisch zusätzlich mit Cayennepfeffer würzt.

Auch lecker machen sich Zitronengras oder Limettenschalen im Essen. Aber nicht zu viel, sonst geht der süßliche Kokosgeschmack mehr in bittere Regionen.

Klingt schon lecker, was? Nun aber zurück in heimische Gefilde:

Frikadellen

Selbst gemachte Hamburger sind eine feine Angelegenheit. Das Aufwändigste dabei sind die Frikadellen.

Zutaten für 3–4 Personen:

500 g Gehacktes (halb/halb)
1 Zwiebel
Weißbrot (2 Scheiben Toast oder 1 Tafelbrötchen)
1–2 Eier
Salz, Pfeffer, Majoran, evtl. Knoblauch

Du würfelst die Zwiebel und mischst sie mit dem Gehackten und den Eiern in einer Schüssel. Das Weißbrot weichst du in Wasser ein, drückst es danach gut aus und gibst es ebenfalls in die Schüssel. Alles nach Belieben würzen und gut vermengen. Dann formst du aus dieser Masse die Frikadellen und brätst sie in der Pfanne an, bis sie schön knusprig sind.

Maultaschen-Auflauf

Hier ein Rezept, in dem die schwäbischen Fleischtaschen für einen Auflauf verwendet werden. Da es sich gut vorbereiten lässt, ist es ein ideales Essen, wenn Freunde kommen oder du selbst eingeladen bist und etwas zum Essen mitbringen sollst.

1 Packung Maultaschen (in der Regel 6 Stück)
1 Becher Sahne
1 Ecke Sahneschmelzkäse
wer mag: eine halbe gewürfelte Zwiebel
geriebener Emmentaler

Zuerst schneidest du die Maultaschen in Scheiben. Mit ein paar gekonnten Handgriffen beförderst du diese fächerartig in eine Auflaufform. Die Zwiebel glasig dünsten. Dann die Sahne und den Schmelzkäse hinzufügen und über die Maultaschen gießen. Den geriebenen Käse darüberstreuen und alles bei ca. 200° C 20 bis 30 Minuten überbacken. Wenn dir das zu viel Käse ist, lässt du den Schmelzkäse weg, nimmst etwas weniger Sahne und gibst zu der Soße einfach noch passierte Tomaten hinzu.

Vegetarische Pilzpfanne

Ein einfaches vegetarisches Rezept für eine Person. Du brauchst:

200 g Pilze (zum Beispiel 100 g Austernpilze und
100 g Champignons)
1 Frühlingszwiebel
Schnittlauch
Kräuterbutter
50 g Crème fraîche (figurbewusste Mitbürger nehmen
Schmand oder saure Sahne)
Salz, Pfeffer
wer mag: 1 Knoblauchzehe

Zuerst wäschst du die frischen Pilze und tupfst sie trocken. Harte Stiele, z. B. bei Austernpilzen, schneidest du ab. Je nach Geschmack halbierst du die Pilze oder schneidest sie in Scheiben. Die Frühlingszwiebel befreist du bis auf 10–15 cm vom Grün, wäschst sie und schneidest sie in Ringe. Danach säuberst du den Schnittlauch und schneidest ihn klein. In einer Pfanne zerlässt du die Kräuterbutter und dünstest die Frühlingszwiebel mit den Pilzen bei mittlerer Hitze zehn Minuten. Jetzt rührst du die Crème fraîche unter und schmeckst das Ganze mit Salz und Pfeffer ab.

Die Krönung bildet der Schnittlauch, mit dem du alles bestreust. Dazu schnappst du dir ein frisches Baguette oder geröstetes Toastbrot.

Leberkäse »Hawaii«

Hier gibt sich die bayerische Spezialität multikulti. Einfach eine Scheibe Leberkäse in der Pfanne anbraten. Sobald der Fleischkäse braun ist, legst du eine Scheibe Ananas und eine Scheibe Käse darüber. Das Ganze dann bei geschlossenem Deckel noch in der Pfanne lassen, bis der Käse geschmolzen ist. Alternativ kannst du den Leberkäse auch vorher aus der Pfanne nehmen und ihn dann mit Ananas und Käse in die Mikrowelle stecken, bis sich im Käse Bläschen bilden.

Dessert

Wir möchten dich ja weiter in Richtung »perfekter Gastgeber« bringen. Aus diesem Grund solltest du dich auch mit der Wissenschaft der Nachtischzubereitung vertraut machen. Denn: So gut das Essen auch ist und so viel alle gegessen haben – ein Nachtisch geht IMMER rein.

Hier soll jetzt eine kleine Auswahl genügen.

Calvados-Äpfel mit Vanilleeis

Bei diesem Nachtisch wirst du nicht nur den Calvados entflammen.

Pro Person brauchst du:

einen kleinen Apfel
1–2 Kugeln Vanilleeis
vielleicht noch etwas geschlagene Sahne
und natürlich Calvados
eventuell Pinienkerne

Die Äpfel schälst du und entfernst das Kerngehäuse. Dann schneidest du sie in 7–8 mm dicke Kringel und dünstest sie in wenig

Wasser kurz an. Wenn du ein ganz Süßer bist, kannst du noch etwas Zucker dazugeben. Jetzt den Calvados nicht zu sparsam in die Pfanne geben – und anzünden! Damit nicht der ganze gute Alkohol flöten geht, löschst du es nach ein paar Sekunden wieder. Jetzt allerdings nicht mit Calvados, sondern mach den Deckel drauf.

Die Vanilleeiskugeln hast du vorher schon auf die Teller gelegt, jetzt drapierst du die Apfelscheibchen und gießt den heißen Schnaps (etwa 2–3 Esslöffel) darüber. Den Teller kannst du noch mit etwas Sahne und gerösteten Pinienkernen verzieren, muss aber nicht sein.

Ananaspudding

Für diesen Nachtisch brauchst du für vier Personen:

1 Dose Ananas
1 Päckchen Vanille-Puddigpulver
1 Becher Sahne
Zucker

Die Ananas lässt du abtropfen und schneidest sie in mundgerechte Stücke. Den Saft schön auffangen und einen halben Liter abmessen (wenn es zu wenig sein sollte, kannst du den Rest mit Wasser oder Apfelsaft auffüllen). Mit dem Saft kochst du nach Packungsanleitung den Pudding und gibst die Ananasstückchen dazu. Die Sahne schlägst du ohne Zucker steif und mischst sie unter den abgekühlten Pudding.

Sahnequark

Unaufwändig ist auch diese Quarkspeise. Für das Grundrezept brauchst du:

250 g Magerquark
2 EL Milch
70 g Zucker
⅛ l Sahne

Du verrührst 250 g Magerquark, 2 EL Milch und 70 g Zucker. Die Sahne schlägst du steif und hebst sie unter die Quarkmasse.

Nun kannst du nach Lust und Laune grob geriebene Schokolade, Früchte oder was auch immer hinzugeben.

Mousse au Chocolat

Schindet immer Eindruck, obwohl die Zubereitung echt einfach ist. Für vier bis sechs Portionen gehst du wie folgt vor:

zwei Becher Schlagsahne im Wasserbad erwärmen (einen kleinen Topf mit der Sahne in einen großen Topf mit heißem Wasser stellen)

zwei Tafeln Schokolade zerbröseln (je nach Geschmack, weiße Schokolade erzielt den größten Aha-Effekt) und in der warmen Sahne schmelzen lassen. Dabei solltest du immer vorsichtig umrühren. Abkühlen lassen und dann für ein bis zwei Stunden ab damit in den Kühlschrank.

Kurz vor dem Servieren schlägst du alles mit dem Schneebesen (Handmixer) auf (wie normale Schlagsahne). Aufpassen: Nicht zu lange schlagen, sonst hast du Schokobutter!

Dann füllst du die Mousse in Schalen und dekorierst sie nach Belieben mit z. B. Erdbeeren oder Kiwischeiben.

Niemals den Gästen das Rezept verraten! Du willst doch Eindruck schinden, oder?!

Übrigens: Schon mal dran gedacht, statt normaler Schokolade Toblerone zu verwenden? Der Honig, die Mandeln und das Nougat geben eine besondere Note.

Pikante Erdbeeren

Geht fix und zeugt von Weltgewandtheit: Frische Freiland-Erdbeeren halbieren und mit je 2–3 frischen grünen Pfefferkörnern belegen. Hervorragend nach deftigen Gerichten bzw. nach dem Grillen.

Lieber Ingo,
und wenn die Lady bis zum Morgen bleibt, stellen sich dir neue Herausforderungen.

Frühstück!

Ein deutsches Frühstück zuzubereiten ist keine große Sache. Brötchen gibts beim Bäcker und in einem gut ausgestatteten Junggesellenhaushalt zum Aufbacken im Eisfach. Wohnt ein Toaster in deiner Küche, hast du noch die fabelhafte Option auf knusprige Toasts. Darauf gibts Süßes oder Pikantes, je nach Geschmack. Oder alternativ: Müsli und Cornflakes. Milch, Kakao, Kaffee, Tee, Säfte und – wenn die Situation es verlangt – ein Gläschen Sekt bilden die flüssige morgendliche Energiezufuhr.

Krone eines jeden Frühstücks allerdings ist das Ei!

Komplettlösung – Weich gekochte Frühstückseier

Ein weich gekochtes Frühstücksei wie früher bei Mutti, wer wünscht sich das nicht? Nur zu dumm, dass du keinen blassen Schimmer hast, wie Eier so schön weich werden. Das Dämliche an Eiern ist ja, dass du ihnen von außen nicht ansiehst, ob sie innen schon hart oder noch glibberig sind.
Deshalb hier eine Anleitung für das perfekte Frühstücksei:

1. Bring das Wasser zum Kochen.
2. Piekse mit einer Nadel ein kleines Loch in die Eierschale (an der »runderen« Seite, denn dort befindet sich die Luftblase im Ei). Das verhindert das Aufplatzen der Eier, da die sich ausdehnende Luft entweichen kann.
3. Lege die Eier vorsichtig! ins Wasser und warte vier bis sechs Minuten, bis du sie wieder herausholst. Die Kochzeit hängt von mehreren Faktoren ab. Zum einen von der Größe der Eier. Je größer ein Ei ist (zum Beispiel »L«), desto länger dauert es. Ein weiterer Faktor ist dein Wohnort. Je höher du

dich über dem Meeresspiegel befindest, desto länger braucht dein Ei, da in luftigen Höhen Wasser schneller anfängt zu kochen, weil die Siedetemperatur sinkt. Faustregel: Eine Minute länger kochen pro 1000 Höhenmeter. Falls du lieber hart gekochte Eier magst, verlängerst du die Kochzeit einfach um zwei bis drei Minuten.

4. Schrecke die Eier, nachdem du sie mit einem Löffel aus dem Topf geholt hast, mit kaltem Wasser ab. Das verhindert ein Nachhärten der Eier.

5. Suche die Eierbecher und Eierlöffel. Es können auch normale Teelöffel sein, nur keine Silberlöffel, da Silber sich mit Eiweiß nicht verträgt und daher der Löffel anläuft, anfängt zu stinken und das Ei bitter schmeckt.

Tipp: Solltest du einmal mehrere Eier gleichzeitig kochen wollen, dann wickle die Eier zuvor in ein Geschirrtuch ein. Der Trick: Du kannst die Eier zeitgleich ins Wasser legen und wieder herausholen! So ist gewährleistet, dass alle Eier gleich lang im kochenden Wasser waren.

Rührei

Auch eine feine Sache in den Morgenstunden: Rührei. Dazu benötigst du lediglich pro Person drei Eier und einen Schuss Milch. Du brätst das Rührei in einer Pfanne langsam, indem du die Eier-Milch-Masse mit einem Kochlöffel oder Pfannenwender hin und her schiebst. Durch das ständige Rühren bilden sich kleine Klumpen, und du bekommst ein lockeres Rührei. Andernfalls klebt dir alles zusammen. Wenn du möchtest, kannst du, bevor du das Rührei in die Pfanne gibst, ein paar Speckwürfel anbraten oder Krabben oder …

Alte Brötchen werden wieder frisch und knackig ★★★★☆

Brötchen vom Vortag sind in der Regel hart und unlustig. Wenn du die nötigen elektrischen Geräte hast, kannst du aus den trockenen Staubbeuteln aber noch etwas machen. Heize den Backofen auf ca. 100° C vor und bestreiche oder beträufle deine Brötchen mit Milch. Dann steckst du die Brötchen hinein und lässt sie so lange drin, bis sie die gewünschte Bräunung haben. Das Ergebnis sind knackige Brötchen fast wie vom Bäcker.

Was meint die Jury?

: Funktioniert das auch mit Mädels?

: Das geht auch mit Wasser! Einfach die Hände nass machen und die Brötchen abreiben mit den nassen Händen, und ab in den Ofen! Sind auch wieder knackig frisch.

: Brötchen 10 bis 20 Sekunden in die Mikrowelle und dann auf den Toaster. Geht schneller.

: Mein Brötchen in der Mikrowelle sah so aus: außen wunderbar knusprig, innen: kohlrabenschwarz. Total verbrannt. Wohl doch zu viel Watt?

Armer Ritter oder French Toast

Wenn es ein warmes Frühstück ohne großen Aufwand sein soll, probiere doch mal folgendes Rezept. Du brauchst:

2 Scheiben Toast

2 Eier

1 Tasse Milch

Die Eier und die Milch verrührst du in einer kleinen Schüssel und legst anschließend die Toastscheiben hinein. Wenn sie sich voll gesogen haben, brätst du sie mit Butter oder Ähnlichem in einer Pfanne an. Danach die Toasts einfach mit (Puder-)Zucker bestreuen und genießen. Feinschmecker nehmen noch Zimt oder Ahornsirup.

PUTZTEUFEL

Mach den Abfluss frei!

Freitag, 18 Uhr

Jetzt hab ich alle Essensabfälle glücklich in die Spüle gedrückt und dann kommt alles wieder hoch. Abfluss verstopft und nur noch zwei Stunden, dann steht Angelina in dieser total zugesifften Küche. Nix romantisch.

Abflussfrei ★★★★★

Wenn beim Abfluss nichts mehr fließt: drei Esslöffel Backpulver in den verstopften Abfluss geben und sofort ½ Tasse Essig hinterherschütten. Dann den Abfluss verschließen. Es entsteht Kohlensäure, und im Rohr beginnt es zu sprudeln. Wenn das Sprudeln aufhört, mit kochend heißem Wasser nachspülen.

Was meint die Jury?

: Hab alles probiert: Chemiekeulen, Cola, Essig – der Tipp mit dem Backpulver hat es dann gebracht.

: Backpulver mit Essigreiniger ging sogar noch etwas besser.

: Unglaublich. Hat super genial funktioniert! Wo vorher das Ablaufen von Duschwasser mehrere Minuten gebraucht hat, geht es jetzt nach einem Päckchen Backpulver und einer halben Tasse Essig durch wie nix.

: Mein Favorit: Gebissreiniger. Die Salze, die im Abflussreiniger enthalten sind, lagern sich am Rohr ab und greifen es an. Gebissreiniger hingegen ist billig, schonender und zersetzt besonders Haare sehr gut.

: Möchte mal wissen, wie viele Frag-Mutti-Leser zu Hause Gebissreiniger haben!

: Gebissreiniger sind auch sonst ein probates Kampfmittel gegen jeglichen Schmutz. Ich nehme den Gebissreiniger, bzw. Zahnspangenreiniger, schon seit Jahren zum Reinigen der Thermoskannen und des WC. Man sollte sie immer im Haus haben – mit oder ohne Zähne.

18.45 Uhr

Geschafft, es läuft wieder!

Hallo Ingo,
wow, du bist ja richtig fleißig. Als »Belohnung« hier – allerdings keinesfalls zur Nachahmung empfohlen – ein Trick, wie du deine Toilette sauber bekommst.

Toilettenreinigung für Katzenliebhaber ☆☆☆☆☆

1. Öffne den Toilettendeckel und fülle eine $\frac{3}{8}$ Tasse Tiershampoo ein.
2. Nimm deine Katze auf den Arm und kraule sie, während du dich vorsichtig in Richtung Badezimmer bewegst.
3. In einem geeigneten Moment steckst du die Katze in die Toilettenschüssel und schließt den Toilettendeckel gut, am besten du stellst dich drauf.

4. Die Katze wird nun selbstständig mit dem Reinigungsvorgang beginnen und ausreichend Schaum produzieren. Lass dich von lauten Geräuschen aus der Toilette nicht irritieren, deine Katze genießt es!
5. Betätige nun mehrmals die Toilettenspülung, um den Power-Wash-Gang und die anschließende Nachspülung einzuleiten.
6. Sofern du auf dem Toilettendeckel stehst, bitte jemanden, die Haustür zu öffnen. Stell sicher, dass sich keine Personen zwischen Toilette und Haustür befinden.
7. Öffne dann aus gebührendem Abstand möglichst schnell den Toilettendeckel. Aufgrund der hohen Geschwindigkeit deiner Katze wird ihr Fell durch die Zugluft trocken gefönt.
8. Toilette und Katze sind sauber.

Was meint die Jury?

: Unsere Katze war leider kleiner als das Abflussrohr. Hat irgend jemand eine schwarze Katze in der Nähe der Kläranlage gesehen?

: Diese Methode wird auch von der Russenmafia verwendet. So wird aus der gewöhnlichen Hauskatze eine teure Nacktkatze – die bringt dann richtig Devisen.

: Sehr lustige Anekdote am Mittag, aber irgendwie ist meine Katze sauer auf mich.

: Super Idee. Probier ich mal aus, nachdem ich meine Katze aus der Mikrowelle rausgeholt hab.

: Hey, das geht noch besser, wenn du einen kleinen Hund UND eine Katze einsetzt. Anwendungsdauer am besten so ca. 120 Minuten. Dann aber mit Öko-Shampoo, das ohne Tierversuche entwickelt wurde. Wir sind schließlich politisch korrekt.

: Dieser Vorschlag ist nicht gut! Erfahrungsgemäß reinigt die Katze zwar die Schüssel, beschädigt dabei aber sowohl Brille als auch Deckel von unten. Leider werden beim Abgang auch Teile der Wohnung und Einrichtung lädiert. Der Wohnungsinhaber benötigt aufwändige Schutzkleidung. Verletzungsgefahr!

19 Uhr

Wie ungeheuer witzig! Die Spüle hat leider keinen Deckel und ich sowieso keine Katze, aber nach dem Abflussreinigen sieht sie aus wie … Ich weiß auch nicht, wie meine Mutter das hinkriegt, bei ihr glänzt die Spüle immer wie neu gekauft. Ich müh mich ab, erst sieht alles ganz passabel aus, dann wirds wieder matt und streifig.

Glänzende Spüle dank Klarspüler ★★★★★

Matte Spülen glänzen wieder, wenn sie mit Klarspüler für die Spülmaschine eingerieben werden. Funktioniert auch beim Fensterputz!

Was meint die Jury?

: Ihr könnt die Spüle auch mit Zahnpasta einreiben, etwas einwirken lassen, abspülen fertig. Glänzt wie neu!

: Mein Tipp: Zum Trockenreiben ein Mikrofasertuch verwenden (auch zwischendurch, damit keine Wasserflecken entstehen). Für gründliche Reinigung Kalkstein verwenden.

: Super Tipp, so putze ich auch immer meine Armaturen im Bad.

: Ist nicht schlecht mit dem Klarspüler, aber umweltfreundlicher geht es mit einer Zitronenscheibe, riecht auch noch frisch!

: Bei bräunlichen Verfärbungen am Abfluss des Spülbeckens (Sieb) z. B. durch Kaffee o. Ä. den Boden des Spülbeckens mit heißem Wasser füllen und ½ Tabs bzw. 1 TL Spülmaschinenreiniger einige Zeit einweichen. Glänzt wieder ohne viel Arbeit!

: Habe ich gerade bei der Spüle ausprobiert. Funktioniert wirklich klasse.

: Wenn ich meine Becken mit Zitronensäure (gegen Kalk) wasche und dann trocken reibe, glänzen sie auch prima.

: Oder einfach mit etwas Scheuermilch einreiben und abspülen.

: Wenn ich mal gerade keine Scheuermilch habe, reinige ich die Spüle mit Backpulver.

: Nach dem Kochen kannst du auch einfach Kartoffelschalen zum Säubern des Spülbeckens benutzen. Mit der Innenseite das Becken einreiben, und es ist wieder sauber. Wegen der Stärke der Kartoffeln ist es wohl so. Und es belastet die Umwelt nicht.

: Auch Orangenschale ist gut, um Spülen zum Glänzen zu bringen, einfach damit abreiben – so entsteht nicht nur Glanz, sondern auch ein guter Geruch. Das sagt euch eine Oma!

19:15 Uhr

Alles im glänzenden Bereich. Essen kocht lecker duftend vor sich hin. Jetzt habe ich sogar noch die Energie, um die Fenster wieder durchsichtig zu machen. Aber ich kann keinen Glasreiniger finden. Was mach ich jetzt?

Hallo, Ingo,
Fensterreinigen ist wie die Frage nach der besten Suchmaschine im Netz. Jeder hat da seine eigenen Vorlieben. Die einen sagen, man dürfe nur mit warmem Wasser putzen, die anderen nehmen ausschließlich kaltes Wasser, mit oder ohne Reinigungsmittel, bei geschlossenen oder geöffneten Fenstern. Manche nehmen Gummiabzieher, manche nur Microfasertücher, andere verwenden beides. Wieder andere reiben die Fenster mit Zeitungspapier trocken, um sie streifen-fusselfrei zu bekommen. Viele sagen, man dürfe nicht bei Sonnenschein putzen. Wenn du nicht sowieso zu denen gehörst, die glauben, Fenster seien selbstreinigend, hier ein nicht ganz alltäglicher Tipp:

Fenster strahlend sauber ohne Streifen ★★★★☆

Ich hab schon alles Erdenkliche ausprobiert, ohne Erfolg. Bis ich aus Versehen mein eigenes Haarshampoo benutzt habe. Einfach in den Wischeimer einen kleinen Schwung von eurem Shampoo und mit einem Fensterputzer die Fenster abziehen. Dann auf die Sonne warten und staunen. Was Besseres gibt es nicht!

Was meint die Jury?

: Welches Shampoo war das denn?

: Bestimmt eines gegen Glas-Schuppen und Molekül-Spliss! :o)

: Habe diesen Tipp mal ausprobiert und ihn gleich meiner Freundin weiterempfohlen. Ich kenne nichts, was besser wirkt und keine Streifen macht. DANKE.

: Ich habs ausprobiert und bin total erstaunt! Selbst bei Sonnenschein ist ein Putzen möglich, super!

: Hab das heute gleich mal ausprobiert und bin total begeistert! Hat super geklappt und sogar hartnäckige Flecken sind total easy weggegangen. Die Fenster hab ich dann mit Zeitungspapier trocken gerieben, so sauber waren sie wohl noch nie :-)

: Schäumen deine Fenster nicht im Regen?

Komplettlösung – Fenster putzen

1. Zuerst den groben Schmutz mit viel Wasser entfernen.
2. Dann die Scheiben mit einem Lappen, Schwamm oder Microfasertuch, Wasser und Reiniger deiner Wahl sauber putzen.
3. Fensterrahmen ebenfalls reinigen.
4. Fenster entweder mit Gummiabzieher, fusselfreiem Tuch oder Zeitungspapier trocken reiben, da bei Selbsttrocknung der Scheiben Streifen entstehen.
5. Fensterrahmen trocken reiben.

19:35 Uhr

Fenster glänzen (habe mir dabei gleich meine Haare gewaschen). Aber verdammt, ich hab die große Kehrwoche vergessen!!!!

Lieber Ingo,
ja, ja diese schwäbische Spezialität. Du kannst das Schild an deiner Wohnungstür ja einfach an eine andere hängen.
Also, große Kehrwoche ist ja schon übel – oder? Treppe wischen, einen unendlich langen Kellergang schrubben und dann noch ums Haus rum kehren! Ätzend! Und das immer im Fokus der übrigen, meist im Rentenalter befindlichen, dahinlauernden Mitbewohner! Lange haben wir nach einem Ausweg gesucht. Eine ganz passable Lösung ist der »Kehrwochenmeister *trotz* Handicap«-Tipp:
Wichtigstes Element ist der frühe Zeitpunkt der Durchführung: Samstagmorgen, möglichst 6 Uhr, eventuell auch früher. Die wenigsten deiner Zielgruppe werden zu dieser Uhrzeit bereits ihre Posten hinterm Vorhang und an den Gucklöchern bezogen haben.
Zuerst geh also auf die Gass und fege die größeren Laub- und Kippenansammlungen zusammen. Ein Langstielfeger und ein ebenfalls verlängertes Schäufele helfen dir rückenschonend.
Dann, nach etwa 5 Minuten, der zweite Akt: Kellergang und Treppe.
Aus den Ecken entfernst du den gröberen Schmutz (Langstielequipment) und benetzt die Wege reichlich mit Wasser.
Der dritte und wichtigste Akt bedarf einiger Vorbereitung. Es wird benötigt: 1 Eimer Wasser, Schrubber, 3–4 Q-Tips oder Ohrabuzzerle, 1 sauberes Tuch (sidolingetränkt). Durchführung: Mit den Ohrabuzzerle stellst du dich an die Klingelanlage (sollte doch jemand so früh schon unterwegs sein, kannst du ihm mit dem Ohrabuzzerle zuwinken). Nun drückst du die Klingel deiner ganz speziellen Mitbewohner. Auf die verschlafene Frage: »Ja? Wer da?«, antwortest du: »Ach, entschuldigen Sie bitte, Frau Hämmerle, ich bin's, ihr Nachbar *dein Name*. Ich mach grad die große Kehrwoche, und beim Putzen der Klingelanlage hat sich das Ohrabuzzerle wohl in Ihrer Klingel verklemmt gehabt, hoffentlich habe ich Sie nicht geweckt?« Das wiederholst

du jetzt beliebig oft, aber nicht nochmal bei Frau Hämmerle (nicht übertreiben), außer sie vergisst immer so schnell …
Wenn also deine Lieblingsmitbewohner von dir geweckt wurden, reibe einmal mit dem Sidolinlümple über die Klingelanlage. Mehr ist nicht notwendig, die anderen machen das ja wöchentlich bis zum Exzess.
Dann der letzte Akt. Die Treppe. Hier solltest du schon etwas Sorgfalt aufwenden. Vor allem an der Tür von Frau Hämmerle und Co. Die sind ja nun eh schon wach. Also immer schön mit dem Schrubber dagegen, wobei das Hörvermögen der jeweiligen Mitbewohner hinter der Tür über die Intensität entscheidet. Bestimmt kannst du so dem ein oder anderen Nachbarn auch noch persönlich ein fröhliches »Guten Morgen« ins verschlafene Antlitz rufen. Der Imagegewinn ist jetzt schon enorm.
So weit, so gut. Jetzt fragst du dich, was soll das »*trotz* Handicap«? Geduld, kommt ja schon. Am Vorabend deiner Kehrwochenshow, so etwa gegen 23:00 Uhr, trägst du noch ein paar leere Getränkekisten runter. Wohnst du parterre, statte einfach jemandem ganz oben einen kurzen Besuch ab (»Hen sie mir vielleicht a Tässle Zucker?«), und beim Runtergehen lässt du die leeren Kisten fallen und legst dich daneben. Wenn nicht gleich alle Türen aufgegangen sind, kannst du ja etwas jammern und um Hilfe rufen. Bevor jetzt aber jemand den Notarzt oder den Abdecker bestellt, rappelst du dich auf: »Schon gut, höchstens ein paar Prellungen und eine verstauchte Hand«, sagst du nun und wünschst allen ein »Gut's Nächtle, hoffentlich kann ich mit den Schmerzen schlafen«.
Du wirst sehen, künftig sind die Gesichter um dich herum viel freundlicher, niemand wird mehr an deiner Gewissenhaftigkeit bei der korrekten Durchführung der Kehrwoche zweifeln. Und du kannst sicher sein, hintenherum wird erzählt, was du für ein netter junger Mann bist und überhaupt nicht wehleidig: »Der wär ebbes für mei Mädle.«

19:35 Uhr

Perfekt! Probier ich mal aus. Aber morgen um 6 Uhr liege ich in den Armen von Angelina, und die findet eine Putzorgie bestimmt nicht sexy, was auch immer die Zeitungen behaupten. Jetzt werde ich einfach einen Lappen in Putzmittel tränken und unter die Fußmatten der Nachbarn legen. Das ganze Treppenhaus riecht dann aprilfrisch und wie gerade gewischt!

WASCHBÄR

Bändige deine Waschmaschine!

19:37 Uhr

Was ist das für ein Krach? Hat einer meiner Nachbarn den Trick mit dem Putzlappen entdeckt und randaliert jetzt? Das Klopfen wird immer lauter. Gleich platzt mein Schädel. Aber der Lärm kommt nicht von draußen, sondern aus dem Bad … Die neue Waschmaschine, die ich mir übers Internet bestellt habe und die gestern geliefert wurde! Warum musste ich sie unbedingt noch ausprobieren, gerade heute, gerade jetzt? Statt mich zu stylen, versuche ich nun im Bad meiner Waschmaschine auszuweichen, die wild durch die Gegend hüpft und dabei einen mordsmäßigen Lärm veranstaltet. Schon fast einen Meter hat sie sich von ihrer ursprünglichen Position fortbewegt. Jetzt reißt sie gerade den Wasserschlauch aus dem Wasserhahn an der Wand. Das auslaufende Wasser vermischt sich mit dem Waschmittel, das sie bereits erfolgreich abgeschüttelt hat. Ich schnappe mir ein Handtuch, doch unaufhaltsam fließt die ganze Soße gen Flur, wo sie mein nagelneuer Sisal-Teppich dankbar aufsaugt. Die Maschine springt derweil weiter lustig von einer Seite auf die andere. Ich gebe das hirnlose Aufwischen auf. Wagemutig weiche ich der verrückt gewordenen Waschmaschine aus, ziehe den Netzstecker und drehe das Wasser ab. Die einzige Möglichkeit, dieses Monster aufzuhalten, meine schöne Wohnung weiter zu zerstören. Die Waschmaschine sinkt in sich zusammen. Die Trommel wird langsamer – besiegt! Was zur Hölle hab ich falsch gemacht? Verzweifelt blättere ich in der durchnässten Bedienungsanleitung. Und zwar von der ersten Seite an. Das kann ja wohl nicht sein, dass die Maschine ein Eigenleben entwickelt. Gleich nach den Sicherheitshinweisen unter dem Punkt »Transportsicherung« lese ich, dass irgendwelche Schrauben, die die Waschtrommel fixieren, an der Rückseite entfernt werden sollen. Ich schaue mir die Maschine an. Und tatsächlich, da sind zwei Schrauben. Mit meinem Schweizer Taschenmesser fummle ich die zwei Übeltäter raus, die die Trommel wohl am Schleudern gehindert haben. Nachdem ich die beiden mit einem bösen Blick abgestraft habe, mache ich mich wieder ans Aufwischen.

Hallo, Ingo,
ein weiser Mann hat mal gesagt: »Sobald man die erste eigene Waschmaschine besitzt, ist man ein richtiger Mann!« Oder so ähnlich. Jedenfalls solltest du dir den Tag in deinem Kalender rot anstreichen, wo du waschtechnisch autark geworden bist. Lass dich von dem kleinen Malheur nicht entmutigen. Eine Waschmaschine ist eine feine Sache. Jetzt, da du immer waschen kannst, wann du willst, solltest du einige Tipps und Tricks beachten, die das Waschen und den Umgang mit der Waschmaschine leichter machen.

Fleck weg

Moderne Waschmittel sind wahre Alleskönner. Sie bekommen mit einem normalen Waschgang in der Regel so ziemlich alle Flecken aus deinen Klamotten wieder raus. Es gibt aber ein paar Spezialfälle, bei denen auch die Waschmaschine versagt. Zum Beispiel, wenn du einen Fleck auf einem Kleidungsstück hast, das nur von Hand gewaschen werden darf oder in die Reinigung muss. Du brauchst den Fummel aber unbedingt morgen früh. In solchen Fällen gibt es ein paar Tricks, die den gröbsten Schaden verhindern können und den Fleck – mal mehr, mal weniger effektiv – manchmal sogar ohne Waschen entfernen.

Erste Hilfe bei Flecken

Frische Flecken solltest du *niemals reiben*, sondern immer nur *tupfen*. Ansonsten entsteht durch das Reiben Wärme, und der Fleck »verschmilzt« regelrecht mit dem Material. Vor allem bei Textilien musst du deshalb aufpassen. Ist ein Fleck erst mal »reingerieben«, bekommst du ihn fast nicht mehr raus.

Deshalb wie folgt vorgehen:
Bei nichtflüssigen Flecken (z. B. ein Stück von einer Torte) entfernst du mit einem Messer im spitzen Winkel die Substanz. Danach gehst du so vor wie weiter unten beschrieben (je nachdem, um was für einen Fleck es sich handelt).

Bei flüssigen Flecken legst du das betroffene Kleidungsstück wenn möglich auf eine saubere Unterlage, nimmst etwas Küchenpapier (Klopapier geht auch), drückst es fest auf den Fleck, so dass der Stoff ausgesaugt wird. Danach gehst du je nach Fleckart vor.

Noch zwei Hinweise:

Misslungene Reinigungsversuche vermindern die Chancen auf ein »Der-Fleck-ist-weg«-Erlebnis.

Flecken »altern«. Deshalb sollte der Fleck so schnell wie möglich entfernt werden. Auch ein ein bis zwei Tage alter Fleck lässt sich besser herausbekommen als einer, der schon einen Monat in deinem Teppich gammelt.

Blut

Wenn möglich, den Fleck so schnell wie möglich mit kaltem (!) Wasser auswaschen. Bloß kein heißes Wasser verwenden, da Blut eiweißhaltig ist. Heißes Wasser würde das Blut fixieren, kaltes hingegen löst das Blut (und allgemein eiweißhaltige Substanzen) besser heraus. Allerdings sind Blutflecken eine Ausnahme. In der Regel hat heißes Wasser die bessere Waschwirkung und ist deshalb besser zur Fleckentfernung geeignet.

Gras

Beim Beach-Volleyball übers Spielfeld hinausgesegelt und voll auf dem Rasen gelandet? Es gibt vielfältige Möglichkeiten, sich unschöne Grasflecken zuzulegen. Ärgerlich nur, dass die Flecken beim Waschen nur schlecht rausgehen. Deshalb den Fleck vor dem Waschen gut mit Gallseife einreiben. Bei besonders hartnäckigen Flecken kannst du noch zusätzlich Fleckenspray auf den Fleck sprühen. Grasflecken lassen sich so schon recht gut dezimieren. Falls du dir unsicher bist, ob das Kleidungsstück die Behandlung verträgt, probiere die Gallseife oder das Fleckenspray erst an an einer Stelle aus, die man nicht sieht.

Fett

Bei Fettflecken gibt es gleich mehrere Möglichkeiten. Zum einen hilft wieder Gallseife. Ansonsten: Mit Waschbenzin betupfen oder mit Spülmittel einreiben und danach, falls möglich, waschen. Wie bei den Grasflecken solltest du bei empfindlichen Textilien vorab die Behandlung aber an einer wenig sichtbaren Stelle oder einem anderen Stück Stoff testen, damit du keine unangenehmen Überraschungen erlebst.

Filzstift- und Kugelschreiber

Hast du den offenen Filzstift auf dem Sofa vergessen und dich reingesetzt, oder ist dir ein Kugelschreiber in der Hemdtasche ausgelaufen? Kein Problem. Der moderne Junggeselle holt sein

Haarspray aus dem Bad und sprüht den Fleck dick ein. 15 Minuten einwirken lassen und mit lauwarmem Wasser ausspülen. Sollte der Fleck dann immer noch nicht verschwunden sein, ganz normal – wenn möglich – in der Waschmaschine waschen. Selbst hartnäckige Edding-Flecken verschwinden, wenn sie zuvor mit Haarspray besprüht worden sind.

Harz

Wenn du Harz auf deinen Kleidungsstücken hast, dann kann man dieses sehr leicht mit einer handelsüblichen Haut- oder Handcreme entfernen. Einfach auf das Harz reiben und ein bisschen verteilen. Das Harz geht dann nach kurzer Zeit weg. Danach wie gewohnt waschen.

Kaugummi

Auch hartnäckig und gar nicht so selten sind Kaugummis in Klamotten. Im Gefrierfach kannst du das Kleidungsstück so lange einfrieren, bis der Kaugummi hart ist. Danach lässt sich das ehedem klebrige Ding leicht herausbrechen. Sportler ohne Gefrierfach nehmen ihr Eisspray dafür. Ist beides nicht in deinem Haushalt anzutreffen, kannst du auch ein starkes Klebeband zu Hilfe nehmen. In mehreren Schritten klebst du immer eine unbenutzte Stelle des Klebebands auf den Kaugummi und löst ihn so nach und nach ab. Je stärker das Klebeband ist, desto besser funktioniert es.

Kragenspeck

Das gute Oberhemd darf nur mit 30° C gewaschen werden, und am Kragen sitzt er auch nach der Wäsche immer noch: der Speckrand! Aua! Geschirrspülmittel – vor dem Waschen gut mit den Fingern in den Kragenrand eingerieben – löst den Speck. Das Hemd danach ganz normal mitwaschen. Hinterher strahlen Kragen und Hemdenbesitzer!

Eine andere Möglichkeit: Bei hartnäckigem Kragenschmutz

verteilst du etwas Haarshampoo auf dem Hemdkragen und reibst das Ganze kurz ein, dann ab in die Waschmaschine. Der Kragen ist nach der Wäsche super sauber, denn das Shampoo löst Körperfett (natürlich nur auf Textilien) ruck, zuck auf.

Öl

Wenn Wagenschmiere, Kettenöl oder Ähnliches auf deinen Kleidern sitzt, einfach mit Bremsreiniger vor dem Waschen besprühen. Bremsreiniger gibt es in jedem Autoteilemarkt und kostet nur ein paar Euro. Wichtig ist, diesen VOR dem Waschen auf den betroffenen Fleck zu sprühen, da der Fleck sonst hineingewaschen wird und nie mehr herausgeht. Evtl. kurz abbürsten und ausdampfen lassen, bevor du das Kleidungsstück in die Waschmaschine steckst, da sonst die ganze Wäsche danach riecht (was aber nach dem Trocknen wieder verflogen ist).

Wenn du nicht gleich die beschmutzten Klamotten waschen kannst, machst du einfach einen Knoten in das entsprechende Kleidungsstück, bevor du es in den Wäschekorb wirfst. So vergisst du das Einsprühen vor dem Waschen nicht, da ja sonst, wie gesagt, der Fleck nie mehr herausgeht.

Den Bremsreiniger nach Möglichkeit nicht auf die Haut bringen, da dieser nicht zwischen Wagenschmiere und dem Fettfilm auf eurer Haut unterscheiden kann. Die Haut wird entfettet und färbt sich weiß. Wenn es trotzdem passiert: eincremen!

Schokolade

Eis auf den Pullover gekleckert, ins Schokobonbon gesetzt? Kein Problem für dich. Wenn der Fleck noch frisch ist, einfach kräftig mit Mineralwasser (mit Kohlensäure!) benässen und so den Fleck »rausschwemmen«, ggf. danach waschen.

Rotwein

Was tun, wenn dir eine Saftflasche oder ein Rotwein auf den Pullover, den Teppich oder die Couch gekippt ist? Wenn der Fleck noch frisch ist, hol dir eine Flasche Mineralwasser und einen feuchten Lappen oder Küchenkrepp. Den Fleck großzügig mit Wasser tränken und dann mit dem Lappen von außen nach innen auftupfen. Und wieder: Nie den Fleck einreiben! In den meisten Fällen lässt sich so das Schlimmste verhindern. Kleidungsstücke am besten sofort in die Waschmaschine packen und waschen.

Cheat – Rotweinfleck

Dieses klassischen Fleckenproblems kann man mit folgenden Methoden Herr werden:

1. Fleck großzügig mit Salz bestreuen, einwirken lassen und dann gründlich ausbürsten.
2. Weißwein auf den Rotweinfleck kippen, einwirken lassen und mit lauwarmem Wasser auswaschen.
3. Fleck mit Sprudel und Küchenrollenpapier behandeln.
4. Bei Hotline der Teppichboden-Firma anrufen.

Tierhaare

»Haarige« Kleidung trocken in den Trockner legen und Kurzprogramm einstellen. Die Tierhaare fangen sich dann im Flusensieb. Etwas umständlicher wird es, wenn man keinen Trockner oder trocknerungeeignete Klamotten besitzt: Die Haare mit einem breiten Klebeband entfernen.

Wachs
Ein Stück Küchenrolle oder ein Löschpapier auf den Wachsfleck legen und mit dem Bügeleisen drüberbügeln. Das Papier saugt dann das Wachs auf. Ist Bügeln nicht möglich, kannst du den Fleck aber auch vorsichtig mit Waschbenzin bearbeiten.

Wenn das nicht zur Hand ist, hast du vielleicht Nylonstrümpfe in deinem Haushalt? Wenn ja, schnapp dir einen und zieh ein paar normale Arbeitshandschuhe an. Den Nylonstrumpf darüberziehen und fest über die betroffene Stelle rubbeln. Vorsicht: Das Wachs wird heiß, wenn der Strumpf es aufnimmt!

Kerzenreste aus Kerzenständern entfernen

★★★★☆

Kerzenreste aus dem Kerzenständer entfernst du am einfachsten, indem du den Kerzenständer für ca. 1–2 Stunden in ein Gefrierfach legst. Anschließend lässt sich auch der letzte Rest der abgebrannten Kerze entfernen.

Was meint die Jury?

: Mache ich auch immer so. Früher habe ich immer mit warmem Wasser rumgemacht. Wenn es gefroren ist, geht es ruck, zuck.

: Und was mach ich mit einem sechsarmigen Leuchter, der 1,50 m hoch und im Durchmesser 1,00 m ist? Weiß jemand Rat?

: Wie wäre es, wenn du ihn in eine Schüssel mit Eiswürfeln stellst? Oder im Winter draußen in den Schnee steckst (vorausgesetzt, es ist Winter)?

: Frag mal im Supermarkt oder im Schlachthaus nach, die haben so große Kühlräume. :-)

: Bei »großen Problemen« hilft Vereisungsspray. Gibt's entweder in der Apotheke (als Kühlspray) oder im Baumarkt.

: Alternative: Mit einem Fön das Wachs erwärmen und mit einem Küchentuch abwischen. Dann klappts auch mit dem Monsterkerzenständer.

Rost

Rostflecken kannst du mit Zitronensäure behandeln. Danach aber kräftig ab- bzw. ausspülen.

Obst

Obstflecken behandelst du vor dem Waschen am besten mit Essig oder Zitronensaft. Die Säure knackt die natürlichen Farbstoffe im Obst, und der Fleck geht beim Waschen besser raus.

Rote und dunkle Obstflecken, z. B. von Kirschen oder Holunderbeeren, vor der Säurebehandlung eine Zeit lang in kaltes Wasser legen – je frischer der Fleck ist, desto wirkungsvoller. Bei schönem Wetter kannst du das Kleidungsstück auch feucht in die Sonne legen. Die Flecken bleichen von alleine aus.

Schuhe in der Waschmaschine waschen ★☆☆☆☆

Als Kind musste ich immer meine Schuhe händisch putzen, seit kurzem kenne ich eine viel bequemere Methode: Einfach die Schuhe (besonders Sportschuhe, aber auch Wildlederschuhe) in die Waschmaschine stecken, etwas Waschmittel dazugeben und bei 30 Grad waschen. Kommen sauber heraus, trocknen lassen und bürsten (bei Wildlederschuhen).

Was meint die Jury?

: Wenn man das ein paar Mal gemacht hat, wird das Leder brüchig, und man kann die Schuhe wegwerfen. Ich reinige meine Lederschuhe nur mit Bürste und Wasser. Und wenns ganz dick kommt, mit etwas milder Seife (aber dann nach dem Trocknen sofort wieder mit Schuhwachs o. Ä. pflegen).

: Ich würde danach aber auf jeden Fall ein Pflegeöl, bei Wildleder am besten eins zum Sprühen, benutzen.

: Sportschuhe nie in der Waschmaschine waschen, außer man legt keinen Wert auf eine Dämpfung.

: Meine teuren Sportschuhe sind dabei eingelaufen, und die Farbe wurde herausgewaschen (bei 40 Grad Celsius), so dass aus dem eleganten Hellgrau ein bestechendes Rosa wurde. Das mag ja Geschmackssache sein, aber wenn die Zehen eingequetscht werden …

: Ich wasche meine Sportschuhe (wohlgemerkt nur Sportschuhe) schon seit Jahren in der Waschmaschine. Ich nehme Einlegesohlen und Schnürsenkel raus und wasche sie separat eingewickelt. Die Schuhe umwickle ich beim Waschen einfach mit einem alten Handtuch oder Kissenbezug.

Über den Umgang mit einer Waschmaschine

Es gibt einige Kleidungsstücke, die können der Waschmaschine wehtun, z. B. Büstenhalter, in die zwei Metallbügel zur Unterstützung eingenäht sind. Diese auf gar keinen Fall einfach in die Waschmaschine stecken. Es kann sonst passieren, dass sich die Bügel lösen und die Waschtrommel beschädigen. Hast du erst einmal Kratzer oder Macken in der Waschtrommel, so besteht die Gefahr, dass sie dort rostet – und du musst wieder in den Waschsalon zum Waschen. Deshalb: Bügel-BHs und ähnliches immer in einen Stoffbeutel stecken. Es gibt im Handel spezielle Beutel mit Reißverschluss, ein kleiner Kissenbezug tut es aber auch. Den Beutel dann ganz normal mitwaschen. So kann nichts kaputtgehen.

Auch wenn du vielleicht nicht allzu viel Platz in deiner Wohnung hast: Auf keinen Fall solltest du getragene Wäsche in der Waschmaschine aufbewahren. In der Waschmaschine ist es feucht, und dein Lieblings-Pullover schimmelt schneller, als du gucken kannst. Das passiert natürlich auch, wenn man zu faul ist, die gewaschene Wäsche aufzuhängen.

Auch wenn dir ein solches Vorgehen fremd ist, kann es vorkommen, dass deine Wäsche muffig riecht. Das kann an der Waschmaschine liegen. Bakterien, die erst ab einer Temperatur von 60° C sterben, nisten sich ein, wenn du nur mit 30° C oder 40° C wäschst, und verursachen solche Gerüche. Einfach hin und wieder mal ein paar weiße Handtücher und Unterwäsche sammeln und ordentlich bei 90° C durch die Waschmaschine jagen. Da gibt die dickste Bakterie klein bei. Wer eine moderne Waschmaschine hat, braucht sich auch nicht allzu viel Gedanken um die Umwelt machen. Sie benötigt dank fortgeschrittener Technik und guter Wärmedämmung wesentlich weniger Strom als alte Waschmaschinen, um das Wasser auf 90° C zu erwärmen.

Komplettlösung – Waschmaschinenpflege

Die Türdichtung deiner Waschmaschine

An deiner Waschmaschine befindet sich – wenn du keinen Toplader hast – ein dicker Gummiring an der Tür, die Türdichtung. Dort sammelt sich mit der Zeit einiges an: Wäscheklammern und Vergessenes aus Hosentaschen, wie zum Beispiel Münzen oder Büroklammern. Wenn du die Dinge nicht regelmäßig entfernst, fangen sie an zu rosten (sofern sie aus Metall sind). Das schadet der Wäsche und mit der Zeit auch dem Gummiring.

Flusensieb

Von Zeit zu Zeit solltest du das Flusensieb deiner Waschmaschine säubern. Dieses Sieb befindet sich am unteren Ende deiner Waschmaschine. Wie du es herausbekommst und wie es genau gereinigt wird, steht in der Bedienungsanleitung deiner Waschmaschine.

Waschmittelschublade

Die Waschmittelschublade, fachmännisch »Waschmitteleinspülmulde« genannt, solltest du auch hin und wieder mal reinigen. Sie ist meistens herausnehmbar und lässt sich gemütlich unter den Wasserhahn halten. Näheres findest du ebenfalls in der Bedienungsanleitung deiner Waschmaschine.

Waschmaschine reinigen

Das Gehäuse deines Waschvollautomaten kannst du einfach mit einem feuchten Tuch reinigen. Keine Scheuermilch und keine Lösungsmittel verwenden!

Kalkablagerung oder das Märchen vom »Lochfraß« in der Waschmaschine

Offenbar sollen magnetische Kugeln, die man mit in die Waschmaschine legt, Kalkablagerungen in der Waschmaschine vorbeugen. Mag ja alles funktionieren, ist aber überhaupt nicht nötig. Erstens ist Kalk nur halb so schlimm, wie von dem netten Waschmaschinenmann in der Werbung dargestellt, und zweitens können die schweren Magnetkugeln die Waschmaschine beschädigen, da sich durch ihr Gewicht die Trommel unregelmäßig dreht.

Servicetechniker haben uns bestätigt, dass sie noch nie so verkalkte Schläuche und Heizstäbe gesehen haben, wie uns die Werbung weismachen will. Höchstens ein feiner Kalkbelag tritt auf. Und gegen dieses bisschen Kalk bist du bereits bestens gewappnet. Wenn du unseren Tipp mit dem Waschpulver beherzigt hast (Seite 61), dann weißt du bereits, dass das Pulver schon Wasserenthärter enthält, der ab 60° C wirksam wird. Wenn du also regelmäßig mit 60° C wäschst, bist du auf der sicheren Seite. Lebst du in einem Gebiet mit hartem Wasser, kann der Zusatz von extra Wasserenthärtern Sinn machen. In diesem Fall benötigst du etwas weniger Waschmittel, so dass sich die Kosten wieder ausgleichen.

Wir müssen hier auch mal mit dem Irrglauben aufräumen, dass Kalk »Lochfraß« verursacht. Lochfraß ist eine besondere Form der Korrosion, die Edelstahl angreifen kann. Aber Kalk hat rein gar nichts damit zu tun. Kalk lagert sich ab – und das wars auch schon. Er greift nichts an. Im Gegenteil. Ein von Kalk komplett umschlossener Heizstab ist vor Korrosion sogar geschützt. Wobei dies auch nicht unbedingt perfekt für deine Waschmaschine ist, da die Heizleistung durch die auftretende Isolation beeinträchtigt wird.

Sonstiges
Spezielle Tipps wie zum Beispiel eine »Notentleerung« (nein, nicht das was du denkst) oder das Aufstellen der Maschine in frostgefährdeten Räumen kannst du ebenfalls deiner Bedienungsanleitung entnehmen.

BÜGELFALTER

Bügele dein erstes Herrenhemd!

19:45 Uhr

Nackt, bei offenem Fenster, damit der Waschpulvergestank verschwindet, steh ich hier in meiner Wohnung und versuche ein Hemd zu bügeln. Wenn Angelina jetzt kommt, bin ich verloren.

Lieber Ingo!
Herzlichen Glückwunsch zum neuen Bügeleisen.

10 Minuten später

Nach einem halb gebügelten Ärmel tut mir das Kreuz höllisch weh. Alter Schwede, denke ich. Geht das nicht einfacher? Ich zünde mir eine Zigarette an – bei so viel Anstrengung und Schmerzen hab ich mir eine Pause verdient. Ich schaue gedankenverloren den Rauchringen hinterher, die ich andächtig durch mein Zimmer blase. Plötzlich wird der Rauch immer mehr, und es fängt an zu riechen. »Scheiße«, schreie ich und schmeiß das Bügeleisen vom Bügelbrett. Nochmal »Scheiße«, hebe es wieder auf und stelle es auf den Bügeleisenhalter. Mein weißes Hemd hat ein ordentliches Brandloch in Form eines Bügeleisens. »Das darf doch alles nicht wahr sein«, fluche ich, halte das Hemd unter den Wasserhahn und werfe es, weil es keinen Sinn mehr macht, direkt in den Mülleimer. Nach einer Schimpfkanonade beschließe ich, ein anderes Hemd zu bügeln. Bügeln ist die reinste Folter. Plötzlich rauscht es kurz im Fernseher, und ein neues Bild erscheint. Zwei Typen, die mich komisch angrinsen, stehen mitten in einem Raum und winken mir zu. Moment mal, die kenn ich doch …

Servus, Ingo,
das war ja wohl nicht das Gelbe vom Ei, was du da eben abgeliefert hast. Klar ist Bügeln eine mühsame Angelegenheit. Es dauert nun mal seine Zeit, bis ein Herrenhemd glatt ist. Aber oftmals führt kein Weg am Bügelbrett vorbei. Deshalb ist beim Bügeln »optimieren« das oberste Gebot. Wer die Tricks kennt, der spart beim Bügeln wertvolle Sekunden und Minuten.

Bügeln beginnt bereits beim Waschen

Wer sich im Vorfeld etwas Mühe gibt, der hat hinterher weniger Arbeit. Also: Alle Klamotten beim Aufhängen vorher gut ausschlagen und straff aufhängen. Die Falten, die sich beim Trocknen bereits »aushängen«, musst du nachher nicht mehr bügeln. Wenn es bei dir immer viel Wäsche zu bügeln gibt, lass den Wäscheberg nicht in den Himmel wachsen. Es ist unglaublich ätzend, wenn man den ganzen Sonntagnachmittag dasteht und nichts anderes tut außer bügeln. Lieber immer wieder mal eine »kleine Runde« bügeln. Dauert maximal eine halbe Stunde, und du sparst dir den »Dauerbügel-Stress«.

Bügeln ohne Bügelbrett

Wenn du dir kein neues Bügelbrett kaufen willst (zum Beispiel aus Platz- oder Geldmangel) und auch keins in der Verwandtschaft abstauben kannst, musst du nicht verzweifeln. Besorge dir in diesem Fall eine Wolldecke und ein weißes Leintuch. Die Wolldecke auf dem Tisch ausbreiten und das Leintuch glatt darüber legen. Auf dieser Unterlage kannst du perfekt bügeln.

Bügeln auf Reisen

Stell dir vor, du bist auf einer Weiterbildung, und auf der Hinfahrt zum Seminarhotel haben sich deine Hemden im Koffer die eine oder andere unansehnliche Knitterfalte zugelegt. Kein Problem. Ab ins Bad und schön heiß duschen (darf diesmal auch ein bisschen länger sein). Die Hemden und/oder Hosen hängst du dabei auf einen Bügel ins Bad (neben die Dusche!). Der heiße Wasserdampf glättet die Falten, und du bist wieder »businesslike«.

Die richtige Temperatur

Dein Bügeleisen hat vermutlich einen Drehschalter oder etwas Ähnliches. In der Regel ist dieser Schalter beschriftet. Wenn du hinschaust, sollte dort etwas von »Baumwolle«, »Wolle« oder »Seide« stehen. Mit dem Schalter kannst du die Temperatur deines Bügeleisens regeln. Für empfindliche Stoffe wie Seide solltest du eine geringere Temperatureinstellung verwenden als zum Beispiel für Baumwolle. Ansonsten kann dein Bügeleisen hässliche Spuren auf deiner Kleidung hinterlassen.

Feucht bügeln ★★★★☆

Wer seine Kleider nicht zu lang trocknen lässt und dann noch leicht feucht bügelt, tut sich wesentlich leichter. Also: Nicht so faul sein und ein paar Stunden, nachdem man die Kleider zum Trocknen aufgehängt hat, bügeln. Man ist schneller fertig mit Bügeln, und außerdem werden die Kleider, vor allem Hemden, wesentlich glatter.

Was meint die Jury?

: Meine Wäschezeit liegt so gegen 20 Uhr, da ich berufstätig bin. Wenn ich die Hemden oder Blusen ein paar Stunden nach dem Aufhängen bügeln müsste, hieße das, entweder um 3 aus den Federn oder gar nicht erst schlafen gehen.

: Alternativ kann man auch einen Zerstäuber benutzen. Den gibts in jedem Haushaltswarengeschäft.

: Sagt mal, habt ihr kein Bügeleisen mit Sprühtaste? Man muss dann zwar öfter nachfüllen, aber es funktioniert sehr gut.

: Übrigens: Mit warmem Wasser statt mit kaltem bügelt es sich noch leichter, da warmes Wasser besser in die Fasern einzieht.

Wer trocknen kann, ist klar im Vorteil

Falls du in der beneidenswerten Lage bist, einen Trockner benutzen zu können, dann trockne die Wäsche, die du bügeln willst, leicht an. Danach die Wäsche wieder aus dem Trockner holen und wie gewohnt bügeln. Auf diese Weise lässt sich der Zeitaufwand beim Bügeln für T-Shirts, Hemden und Pullover beachtlich reduzieren. Allerdings sollte die Trocknertrommel nicht ganz voll sein. Ansonsten sind die Klamotten zwar trockener, aber noch verknitterter als zuvor.

Hemden

Hemden bügeln ist sozusagen die »Königsdisziplin« am Bügelbrett. Also solltest du Bügelprofi in dieser Disziplin werden. Hemden sind für den Mann unverzichtbar. Sei es bei einem Vorstellungsgespräch, einem Meeting, der Hochzeit deines besten Freundes oder der silbernen Hochzeit deiner Eltern. Es macht immer einen guten Eindruck, wenn man(n) ein schönes und gebügeltes Herrenhemd trägt. Für manche Menschen ist Herrenhemdenbügeln zu einer Leidenschaft geworden, und es existieren wissenschaftliche Abhandlungen über die perfekte Bügelfalte. Aber keine Angst. Innerhalb von zehn Minuten lernst du dein erstes Herrenhemd bügeln, und mit etwas Übung sehen deine Hemden genauso gut aus wie jene, die deine Mutti bügelt.

Komplettlösung – Herrenhemden bügeln

Ein Herrenhemd gliedert sich normalerweise in sechs Teile: Kragen, zwei Schulterpassen, Knopfleiste, zwei Ärmel samt Manschetten, Rückenteil und zwei Vorderseiten. Alle Teile werden getrennt voneinander gebügelt. In welcher Reihenfolge du vorgehst, ist dabei relativ egal. Wir möchten hier nur einen Vorschlag geben, der sich unserer Meinung nach bewährt hat. Wichtig ist, dass du immer eine gewisse Spannung hältst. Also immer das Hemd glatt ziehen und dann bügeln.

1. Knöpfe das Hemd auf. Herrenhemden bügelt man nicht »geschlossen«. Das Ergebnis sieht sonst hinterher ziemlich dilettantisch aus.
2. Zuerst nimmst du dir die Ärmelaufschläge vor. Öffne die Manschettenknöpfe und bügle die Manschetten aus.

3. Jetzt den Kragen flach auf dem Brett glatt ziehen und von beiden Seiten bügeln.

4. Als Nächstes sind die Schulterpassen dran. Ziehe sie auf die Spitze des Bügelbretts. So kannst du beide Schulterpassen sehr bequem bügeln.

5. Jetzt nimmst du dir die Ärmel vor. Jeweils einen Ärmel der Naht entlang auf dem Brett ausstrecken. An den Manschetten gut festhalten, so dass der Ärmel straff ist. Nun von der Manschette in Richtung Schulter bügeln. Den Ärmel umdrehen und genauso von der anderen Seite bügeln.

6. Jetzt fehlt nur noch die Knopfleiste, Vorder- und Rückseite. Lege das Hemd so auf das Bügelbrett, dass sich die Knopfleiste parallel zum Bügelbrett am Rand befindet. Bügle nun vorsichtig mit der Spitze deines Bügeleisens die Knopfleiste. Danach kommt die eine Seite der Vorderseite dran, die bereits richtig auf dem Brett liegt. Ziehe nun einfach nach und nach das Hemd um das Bügelbrett herum und bügle. Als Nächstes hast du also die Rückseite auf dem Brett liegen und danach die andere Vorderseite.

Nun hast du ein schönes gebügeltes Herrenhemd. Wer nicht auf rasiermesserscharfe Bügelfalten steht, der braucht jetzt nicht weiterlesen. Alle anderen können ihrem Hemd den letzten Feinschliff verpassen.

7. Ärmel auf dem Bügelbrett so ausbreiten, dass die Manschette ganz rechts am Brettrand liegt.

8. Die Naht des Ärmels suchen und genau an ihr die Falte legen.

9. Von der so entstandenen Nahtfalte des Ärmels den Stoff nach oben glatt streichen. Dies vom Körperteil bis kurz vor die Manschette durchführen.

10. Bügeleisen am Oberarm ansetzen (sodass die Spitze Richtung Manschette zeigt) und langsame Links-rechts-Bewegungen nach vorne machen, dabei besonders die eigentliche Bügelfalte mit viel Dampf bügeln.

11. Hemd anheben und den Ärmel um 90 Grad drehen.

12. Die Manschette so formen, dass die Knöpfe auf dem Brett aufliegen und die zu bügelnde Falte der Manschette kurz hinter dem Knopfloch entsteht.

13. Evtl. (wer es mag) nochmals die bei vielen Hemden gerafften Falten an der Manschette bügeln. Wenn die Bügelfalte des Ärmels richtig gebügelt worden ist, geht eine der beiden Falten der Raffung in die Bügelfalte des Ärmels über.

Hört sich alles extrem pedantisch an. Ist aber echt super, wenn du in einem Meeting sitzt und alle anderen in ihren bügelfreien Hemden mit dem »Fastkeinefaltenstoff« wie durch den Wolf gedreht aussehen und du dir in den Finger schneidest, wenn du über deine selbst gebügelte messerscharfe Bügelfalte fährst.

Der schnelle Hemdentrick ★★★★☆

Wenig bekannt beim Hemdenbügeln ist das gesonderte Bügeln des Sattels. Das ist der obere Teil des Rückenteils. Dies ist aber extrem profimäßig und spart Zeit und Ärger, speziell wenn das Hemd um den Hals nicht so richtig glatt werden will.
Zuerst das Hemd aufknöpfen und den Kragen von innen bügeln. Jetzt gut aufpassen, denn es wird komplizierter. Das Rückenteil eines Oberhemdes besteht aus zwei Teilen: Der obere heißt Sattel oder Passe, den unteren Teil nenne ich im Folgenden »unteres Rückenteil«. Verbunden ist beides mit einer Naht. Das Hemd mit beiden Händen vor sich halten, Vorderteil vorn, Rückenteil hinten, rechts und links die Ärmel, dann rechts und links an die Naht zwischen Sattel und Rückenteil fassen und den Sattel nach vorn knicken, indem man mit dem Daumen den Sattel und mit den übrigen Fingern das untere Rückenteil umfasst. Der Knick liegt in der Naht.
Nun das Hemd vor sich halten. Der Sattel hängt jetzt nach vorne, genau wie das Vorderteil, das untere Rückenteil weiterhin nach hinten. Jetzt auf das Bügelbrett legen. Der Sattel kommt so ganz glatt auf dem Bügelbrett zu liegen, und auch das obere Vorderteil kann um die Halsgegend gut gebügelt werden.
Jetzt kannst du wie gewohnt weiterbügeln.

Was meint die Jury?

: Die Methode klappt prima. Praktiziere ich schon seit einigen Jahren so.

: Das Ganze ist etwas kompliziert beschrieben, geht aber auch einfacher: Das aufgeknöpfte Hemd über die spitze Seite des Bügelbrettes ziehen, und zwar so, dass eine »Schulter« des Hemds auf dem Brett glatt aufliegt. Das Ganze mit der anderen Schulter

wiederholen, und schon ist ein großer Teil des Hemden-Rückens abgebügelt.

: Mit dieser Methode kann Mann seine Jacke auch mal ausziehen, ohne gleich als Single enttarnt zu werden. Die beste Methode, die ich kenne, und auch für Männer erlernbar. Falten haben so keine Chance!

: Mich würde ja mal der »soziale, psychologische, menschliche« Faktor interessieren! WARUM überhaupt bügeln?

: Ganz einfach: Gute Bügelkenntnisse verbessern die Heiratschancen!

Zum Hemd gehört die Hose!

Komplettlösung – Hose bügeln
1. Knöpfe und Reißverschluss an Hose schließen.
2. Beide Hosenbeine sauber übereinander legen, so dass die Nähte übereinander liegen.
3. Das obere Hosenbein über den Bund schlagen und vom unteren Bein die Innenseite bügeln.
4. Dann die Falten vom Bund bis zur Schlitzmitte bügeln.
5. Schritte 3 und 4 nach Umdrehen der Hose beim anderen Bein wiederholen.
6. Nun die Innenseiten und den Schritt mit Dampfstößen befeuchten und dabei ganz leicht mit der Bügeleisensohle am Stoff entlangfahren.

7. Den Bund der Hose über die Schmalseite des Bügeltisches bis über die Hosentasche ziehen und in die Bundfalten hineinbügeln. Hose drehen, bis sie rundum gebügelt ist.
8. Hose sauber zusammenlegen und auf einem Bügel auskühlen lassen.

20:15 Uhr

Jetzt kann Angelina kommen!

LEVEL III
SPARSCHWEIN

Überlebe!

Samstag 17 Uhr

Sie kam nicht. Meldete sich nicht mal. Nichts. Vor lauter Frust und unter Einfluss mehrerer Flaschen Rotwein habe ich gegen Mitternacht die ganze Romantik samt Menü in den Müll gekippt. Heute Morgen bin ich von einem Dauerklingeln geweckt worden. Muss wohl irgendwann unter dem dröhnenden Lärm von *Ramstein* eingeschlafen sein. Frau Hämmerle stand vor der Tür: »Des isch d größde Unverschämtheid, d ganze Nachd d laude Musik und noh no dr schdinkend Müll vor dr Tür. Außerdem hend Sie Kehrwoche. Des isch des ledzde, hajo, so isch des!« Und so schleppte ich mich dann mit dickem Kopf, weichen Knien und kaputtem Herzen unter den argwöhnischen Blicken meiner lieben Nachbarn kehrend die Treppe hoch und wieder runter. Nun liege ich total ausgepowert und kaputt im Bett. Ich glaube, ich habe mich gestern beim Bügeln erkältet. Jungs, mir geht's so schlecht. Ich sterbe!

Die kleine Junggesellen-Hausapotheke

Um für den Notfall gerüstet zu sein, solltest du an einem sicheren, nicht feuchten Platz aufbewahren:

1. Pflaster und Verbandsmaterial, falls du dich beim Gemüseschnippeln verletzen solltest.
2. Schmerzmittel (Aspirin, Thomapyrin oder Paracetamol), gegen Kater, Kopfschmerz, Fieber und sonstige Schmerzen.

3. Kohletabletten, falls dein gekochtes Menü zu Durchfall führen sollte.

4. Fenistil oder eine andere Anti-Allergikum-Salbe für Verbrennungen, Stiche und andere Hautreizungen.

5. Tabletten gegen Sodbrennen und andere Magenverstimmungen.

6. ACC-Tabletten oder andere Husten- oder Schleimlöser.

7. Schmerzlindernde Salbe bei Verstauchungen, Prellungen und Ähnlichem.

Billige Medikamente aus Holland ★★★★☆

Wer im grenznahen Bereich von Holland wohnt, kann sich dort Medikamente günstiger besorgen. Den Besuch in Holland kann man gut mit einem Einkauf verbinden, Kaffee ist nämlich auch billiger.

Was meint die Jury

: Ich bestelle meine Medikamente über eine holländische Internet-Apotheke. Die Medikamente sind dort viel günstiger. Bei Rezepten zahlt man nur die halbe Gebühr. Außerdem ist ab zwei Rezepten alles portofrei. Man braucht bei Medikamenten, die frei verkäuflich sind, nur die PZN (PharmaZentralNummer) anzugeben, dann kann man sicher sein, das gleiche Medikament wie in Deutschland zu bekommen.

: Ich wohne in München und bestelle meine Medikamente nur übers Internet (z. B. www.versandapo.com oder www.docmorris.com). Kann ich wärmstens empfehlen. Die Versandapotheke ist supergünstig, es entstehen keine Portogebühren, und innerhalb von zwei Tagen wird alles geliefert.

: Ich kaufe oft im Ausland meine Medikamente preiswerter ein. Allerdings bleibt es meistens bei Aspirin oder Fenistil-Salbe. Mit Beipackzettel und damit der Möglichkeit, die Inhaltsstoffe zu vergleichen, gar kein Problem.

: Ich will jetzt kein Spielverderber sein, aber meiner Meinung nach ist es »gesünder«, die Arznei in der Apotheke ums Eck zu holen, da hier kompetent beraten werden kann, z. B. über Wechselwirkungen mit anderen Medikamenten oder sonstige Eigenschaften der Arznei.

Sonntag, 12 Uhr

Habe 16 Stunden geschlafen. Fühle mich etwas besser, aber zu schlapp zum Aufstehen, kein Schwein da. Und ich habe Hunger!

Lieber Ingo!
»Du könntest auf der Stelle erfrieren, und keinen würds interessieren« – krank und Single ist eine ungesunde Kombination. Doch in Selbstmitleid ertrinken hilft dir auch nicht weiter. Auch wenn es nur ein schwacher Trost ist: Es geht anderen Singles genauso. (Du siehst die anderen ja immer nur, wenn es ihnen gut geht!) Frag ruhig Freunde oder liebe Nachbarn, ob sie dir etwas mitbringen oder einfach mal vorbeischauen können. Gönn dir viel Ruhe und Schlaf, auch ein Erkältungsbad wirkt manchmal Wunder. Für deinen Hunger empfehlen wir den nächsten Pizzadienst, oder klemm dich vor den Computer:

Einkaufen via Internet ★★★★☆

Keine Zeit zum Einkaufen oder null Bock auf Tütenschleppen? Bestelle übers Internet deinen Einkauf und/oder abonniere die wichtigen Dinge des Lebens wie Bier, Pizza, Klopapier, Kondome etc. Es gibt in den meisten Städten Einkaufservices, die zum vereinbarten Termin nach Hause liefern. In Dresden und Umgebung macht das z. B. www.bring-fix.de, ein ähnliches Angebot gibt es sicher auch in deiner Stadt.

Was meint die Jury?

: Wenn man kein Auto hat, eine ideale Lösung. Am besten nicht so oft, dafür auf Vorrat bestellen, das spart Gebühren.

: Für Drogerieartikel: www.schlecker.de liefert ab 15 Euro frei Haus.

: Absoluter Blödsinn, macht nur dick und faul. Ich habe auch kein Auto und kriege den Einkauf trotzdem nach Hause. Außerdem ist das Online-Einkaufen um einiges teurer.

: … dir kann ich nur wünschen, dass du nie länger krank wirst. Irgendwann hat man es nämlich satt, dauernd seine Freunde anzubetteln, etwas mitzubringen, und bestellt einfach übers Internet.

: Dass Online-Einkauf teurer ist, halte ich für eine echte Fehlinformation. Überlegt doch mal, allein die Ladenmiete kostet mindestens dreimal so viel wie ein Internetshop. Also: Einfach mal ausprobieren!

: Ein Tipp vom Öko: Es gibt immer mehr Bauern und landwirtschaftliche Betriebe, die frisches Gemüse und Obst für eine Wo-

che nach Hause liefern. Bei www.bioland.de könnt ihr Erzeuger in eurem Umkreis finden, manche bieten sogar Obst- und Gemüsekisten für Singles an!

: Ich habe gelesen, irgendwo gibt es auch wieder Milchmänner.

MEISTERKOCH

Bediene einen Spätzleschwoab!

Dienstag, 17 Uhr

No milk today ... Bin drei Tage krank geschrieben und muss – Gott sei Dank – Angelina nicht sehen. Nach zwei Tagen Pizza habe ich unbändige Lust auf Spätzle, aber auf die meiner Mutter.

Käsespätzle – das Rezept
für 2 Personen:
250 g Mehl
2 Eier
1 TL Salz
ca. ⅛ l Wasser
Käse
Zwiebeln

Du verrührst Mehl, Eier, Salz und Wasser mit einem Kochlöffel in einer Schüssel. Der Teig sollte nicht zu flüssig sein. Dann kochst du Wasser in einem Topf, stellst den Spätzlesdrücker darauf und quetschst die Teigmasse durch. Sobald die Spätzle im kochenden Wasser oben schwimmen, schöpfst du sie ab und gibst sie in eine große Pfanne. Auf eine Spätzleschicht streust du immer etwas Käse (z. B. Emmentaler mit etwas Limburger) und etwas Salz und Pfeffer. Das wiederholst du, bis der ganze Teig verbraucht ist.

Danach stellst du die Pfanne mit geschlossenem Deckel auf den Herd und lässt den Käse bei niedriger Stufe schmelzen. Möglich ist auch, die Spätzle in eine ofenfeste Form zu geben und dann im vorgeheizten Backofen (ca. 150° C) den Käse schmelzen zu lassen. Da müssen natürlich geröstete Zwiebeln drüber.

Spätzle selber machen ★★★★★

Unverzichtbar für jeden (schwäbischen) Junggesellenhaushalt ist ein Spätzlesdrücker, ein *Spätzleschwoab*. Er sollte aus rostfreiem Metall und auseinander nehmbar sein, damit man ihn leichter in die Spülmaschine stellen kann. Unmittelbar nach Gebrauch sollte man ihn – noch bevor der Teig angetrocknet ist – auf alle Fälle in Wasser legen, dann kann man ihn problemlos reinigen.

Das meint die Jury:

: Es gibt im bayrischen und österreichischen Ausland *Spätzlesreiben* zu kaufen, mit deren Hilfe – genial einfach – der Spätzlesteig »durchgerieben« wird. Dabei entstehen keine langen Spaghetti-Spätzle, sondern Knöpfles-Spätzle, wie es sie auf der Schwäbischen Alb gibt.

: Noch einfacher geht es meiner Erfahrung nach mit dem Spätzlehobel. Auch ihn kann man in jedem gut sortierten Haushaltsgeschäft ab rund 20 € kaufen oder übers Internet bestellen.

: Die Schwabenvariante ist kostengünstiger: Man nimmt ein großlöchriges Salatsieb und drückt den Teig mit Hilfe eines Silikon-Schabers oder Kochlöffels durch. Die Spätzle sind vielleicht nicht ganz so schön, aber man hat sich das Geld für Spätzledrücker und Co. gespart.

: Das alles ist doch nur was für Möchtegern-Schwaben. Echte schwäbische Spätzle werden mit Spätzlesbrett und Messer handgeschabt!

Kochkurs Level 3
Wie bei Muttern

Wiener Schnitzel

Das *Schweinchen Dick* von der Kinderkarte steht auch noch bei ausgewachsenen Mägen ganz hoch im Kurs und lässt sich selbst in der kleinsten Küche zaubern. Lass dir beim Metzger oder Fleischer das Kalbsschnitzel (natürlich geht auch Schweinefleisch, dann ist es eben *Wiener Art*) gleich »steaken«. So ersparst du dir das schweißtreibende Flachklopfen, denn das Fleisch sollte 5–8 Millimeter dünn sein, nicht dicker. Mit etwas Salz, Pfeffer und Paprika würzen, anschließend panieren und braten.

Komplettlösung – Schnitzel panieren

Schnitzel sind lecker – aber wie bekommt man diese gold-gelbe Kruste dran?

1. Kauf dir ein Schnitzel.
2. Jetzt brauchst du ein Ei, Paniermehl und normales Mehl.
3. Das Ei schlägst du in einen tiefen Teller und verrührst es. Das Paniermehl und das normale Mehl gibst du auch in jeweils einen tiefen Teller.
4. Als Erstes ziehst du das Schnitzel durch das Mehl und schüttelst es danach etwas ab.
5. Dann tunkst du das Schnitzel in das Ei.
6. Zuletzt ziehst du das Schnitzel durch das Paniermehl und sorgst dafür, dass das Schnitzel komplett von der Panierung umhüllt ist.

7. Nun brätst du das Schnitzel in der Pfanne in sehr heißem Öl von jeder Seite ca. 2–3 Minuten an, bis die gewünschte Bräune erreicht ist, oder frittierst es in der Fritteuse.

Rinderbraten

für vier Personen:

1 kg Rinderbraten
Rindfleischknochen
Salz, Pfeffer und Paprika
2–3 große Zwiebeln
Tomaten und Suppengrün

Das Fleisch und die Knochen würzt du mit Salz, Pfeffer und Paprika. Dann brätst du zuerst den Braten von jeder Seite in einem großen Topf in sehr heißem Öl an – damit sich die Poren schließen und der Braten saftig bleibt. Danach nimmst du den Braten wieder heraus, brätst die Knochen an und nimmst auch diese wieder aus dem Topf. Nun werden 2–3 große Zwiebeln, in Würfeln oder Scheiben, angebraten. Dann legst du den Braten und die Knochen dazu und füllst den Topf mit Wasser auf, bis der Braten gerade so bedeckt ist. Das Ganze lässt du jetzt mit ein paar Tomaten und etwas Suppengrün 2 Stunden leicht köcheln. Danach nimmst du den Braten und die Knochen wieder heraus und gießt die Soße durch ein Sieb ab. Du kannst das mitgekochte Gemüse ebenfalls herausnehmen oder mit durch das Sieb drücken. Danach bindest du die Soße und schmeckst sie ab. Mit Rotwein und Sahne kannst du den Geschmack weiter verfeinern. Bratenreste lassen sich übrigens prima mit der Soße einfrieren.

Kasseler Braten zu salzig? ★★★★☆

Wenn dein Kasseler Braten zu salzig schmeckt: Nach dem Anbraten einfach mit Ananassaft angießen – anstatt mit Wasser (ganz normaler Ananas-Fruchtsaft zum Trinken).

Was meint die Jury?

: Es funktioniert wunderbar!

: Was ist Kasseler?

: Kasseler ist gepökeltes mageres Schweinefleisch. Wird mancherorts auch »Kaiserbraten« genannt. Kann man auch prima zum Fondue nehmen. :-)

: Ananas im Kasseler kannte ich noch nicht, dafür habe ich einen Tipp, wie eine Fleischbrühe zu einem optischen und kulinarischen Leckerbissen wird: Um der Brühe eine kräftige Farbe zu verpassen, kochst du einfach eine ungeschälte, aber gewaschene, Zwiebel mit. Die nimmst du natürlich nach dem Kochen wieder raus.

Rouladen

Rinderrouladen (pro Person eine)
Räucherspeck
Zwiebeln
Petersilie
Essiggurken
Mehl
Salz, Pfeffer
Senf
Zahnstocher

Die Rouladen bestreichst du dünn mit Senf, pfefferst und salzt sie. Dann belegst du sie mit sehr dünnem Räucherspeck, fein geschnittenen Zwiebeln, Petersilie und in dünne Streifen geschnittenen Gewürzgurken. Nun rollst du die Rouladen zusammen und fixierst sie mit Zahnstochern, drehst sie einmal in Mehl und brätst sie dann in heißem Fett gut an. Danach gibst du die Zwiebelscheiben und etwas Mehl in die Pfanne und lässt beides anbräunen. Das Ganze wird mit Wasser abgelöscht und nachgewürzt. Lass die Rouladen nun zugedeckt etwa 1 ½ bis 2 Stunden schmoren, und schmecke danach die Soße mit Wein ab.

Öl und Fett – Was nehme ich wann?

Fett ist beim Braten und Kochen unentbehrlich und beeinflusst den Geschmack der Gerichte entscheidend. Je nachdem, was du kochen möchtest, wählst du das passende Fett aus.

Butter

Butter hat einen feinen Eigengeschmack, der nicht so stark ist wie beim Olivenöl. Sie wird aus dem pasteurisierten Rahm der Milch hergestellt. Im Handel wird sie hauptsächlich als Sauerrahmbutter angeboten. Bei Sauerrahmbutter wird zu Beginn der Reifung eine Mischkultur von Milchsäurebakterien zugefügt. Süßrahmbutter aus ungesäuertem Rahm hat dagegen ein weniger ausgeprägtes Aroma. Butter eignet sich *zum Dünsten von Gemüse* wie Tomaten, Karotten und Lauch (Dünsten heißt: Garen bei kleiner Hitze in einem Topf mit Fett und im eigenen Saft). Was zum Beispiel super ankommt, sind in Butter gedünstete Tomaten: Tomaten oben kreuzweise einschneiden, Butterflöckchen reinstecken, Salz, Pfeffer, Knoblauch dazu und in einen Topf legen, wo schon Butter zerlassen wurde. Dazu passen in Olivenöl gewälzte Spaghetti mit Bärlauchpesto oder auch gegrilltes Fleisch.

So manches Gemüse schmeckt besser, wenn du es *glasierst.* Dabei erhält das Gemüse einen glänzenden Überzug, indem beim Dünsten außer der Butter noch Zucker hinzugefügt wird. Wichtig dabei ist, dass das Gemüse während des Garvorgangs in der Pfanne oder im Topf ständig leicht geschüttelt oder geschwenkt wird, damit sich die Glasur gleichmäßig auf dem Gemüse verteilt. Eine leckere Beilage zu Fleischgerichten sind zum Beispiel in Butter gedünstete Karotten oder Lauchzwiebeln, über die man etwas Honig oder Zucker gibt.

Bei der Butter ist allerdings zu beachten, dass du sie nicht zu stark erhitzt, da sie schnell verbrennt, schwarz und dann ungenießbar wird.

Butterschmalz

Butterschmalz kann stärker erhitzt werden als Butter und eignet sich somit besser zum *Anbraten von Fleisch*, hat aber dennoch diesen leckeren Buttergeschmack.

Schweineschmalz

Schweineschmalz wird aus Speck oder Bauchfett gewonnen. Dieses Fett gibt Bratkartoffeln, Fleisch und Bratwürsten einen würzigen Geschmack, kann hoch erhitzt werden und eignet sich auch *zum Fritieren.*

Zum Braten in der Pfanne ein Stück Schweineschmalz kurz anschmelzen lassen und dann mit einem Küchentuch die Pfanne einreiben. Den Rest Fett im Tuch entfernen, denn Saumagen und Fleischkäse sollen nicht im Fett schwimmen.

Originales Schweinefett ist wohl dosiert gesund, da es wichtige Stoffe wie Linolsäure für den Fettstoffwechsel und Vitamin E enthält und der Cholesteringehalt gering ist.

Olivenöl

Olivenöl ist ein Speiseöl aus dem Fruchtfleisch der Olive. Es ist wegen seines edlen, ausgeprägten fruchtigen Geschmacks weltweit bekannt und beliebt. Olivenöl passt ausgezeichnet zu Gerichten der mediterranen Küche und ist ein *begehrtes Salatöl.* Man kann fast immer herausschmecken, ob ein Gericht mit Olivenöl zubereitet wurde. (Vorsicht also, wenn du süße Pfannkuchen damit zubereiten möchtest!)

Olivenöl gibt es in verschiedenen Qualitätsstufen. Wir empfehlen dir Olivenöl mit der Aufschrift »nativ extra« zu kaufen. Die Stiftung Warentest hat jedoch festgestellt, dass hier teilweise Etikettenschwindel betrieben wird. Von 26 getesteten Olivenölen »nativ extra« hätten sieben Stück diese Aufschrift gar nicht tragen dürfen, sechs wurden mit ausreichend und neun Sorten sogar mit mangelhaft bewertet.

Olivenöl schmeckt je nach Herkunft und Verarbeitung unterschiedlich. Es gibt milde Olivenöle für Salate, kräftige zum Braten oder für Hackfleischsauce. Hier ist Ausprobieren angesagt! Du kannst Olivenöl bei Zimmertemperatur lagern. Gourmets stellen ihr Öl jedoch in den Kühlschrank. Du solltest es dann aber einige Zeit vor der Verwendung aus dem Kühlschrank nehmen oder die Flasche unter warmes Wasser halten, da es durch die Kälte dickflüssig und flockig wird.

Margarine

Margarine ist im Gegensatz zur Butter aus pflanzlichem Fett. Sie besteht zum größten Teil aus gehärteten und ungehärteten Pflanzenfetten und Wasser. Die gelbliche Farbe wird durch Färbung mit Karotin erreicht. Der Kaloriengehalt liegt wie bei Butter bei rund 750 Kilokalorien pro 100 Gramm. Aufgrund der gehärteten Fette ist der gesundheitliche Wert von Margarine umstritten. Es wird vermutet, dass das Infarktrisiko dadurch steigt.

Gulasch nach Szegediner Art
für vier Personen

800 g Rindergulasch
1 Dose Sauerkraut
1 Becher Crème fraîche oder saure Sahne
4 Zwiebeln
¼ l Brühe
Salz und Pfeffer
Gewürz für Ungarisches Gulasch (gibts zu kaufen)

Das Rindfleisch brätst du mit den geschälten und geschnittenen Zwiebeln an, würzt es mit Salz, Pfeffer und dem Gulaschgewürz. Dann gibst du die Brühe hinzu und lässt das Ganze 30 Minuten köcheln. Nach dieser Zeit lässt du das Sauerkraut gut abtropfen und gibst es locker mit den Händen gezupft zu dem Rindergulasch. Alles lässt du weiter 40 Minuten köcheln. Zum Schluss kippst du den Becher Crème fraîche oder die saure Sahne hinein und lässt den Gulasch nochmals 15 Minuten köcheln.

Als Beilage eignet sich hervorragend Kartoffelpüree.

Gemüse

Fünf Portionen Obst und Gemüse empfehlen Ernährungsberater. Also ran an den Kohl. Hier kommen die grünen Favoriten in deutschen Haushalten.

Komplettlösung – Gemüsezubreitung

Damit beim Gemüsekochen nicht wertvolle Vitamine und Mineralstoffe flöten gehen, achte bei der Zubereitung auf Folgendes:

1. Gemüse nur kurz waschen.

2. Geschnittenes Gemüse schnell weiterverarbeiten.
3. Mit wenig Wasser garen.
4. Bei großer Hitze kurz aufkochen lassen und bei milder Hitze weiter garen.
5. Gemüse nicht zu lange kochen. Am besten nur dämpfen oder dünsten, nie zerkochen.
6. Gemüse nicht warm halten, sondern abkühlen lassen und bei Bedarf nochmals kurz erhitzen.

Blumenkohl

Wenn du den Blumenkohl, ähnlich dem Brokkoli, in Röschen teilst und ihn in leicht gesalzenem Wasser vorsichtig weich kochst, kannst du ihn entweder mit einer Buttersoße servieren oder mit Semmelbröseln garnieren.

Für die Buttersoße:

40 g Mehl

in 40 g zerlassener Butter

so lange dünsten, bis sich reichlich Bläschen bilden. Bevor es anfängt gelblich zu werden, löschst du das Mehl mit etwas Blumenkohlbrühe ab. Höchstens 10 Minuten kochen lassen, da die Buttersoße sonst an Geschmack verliert. Vor dem Anrichten schmeckst du die Soße mit Salz und einigen Tropfen Zitronensaft ab.

Semmelbrösel

gibt es fertig zu kaufen, du musst sie nur noch in einer Pfanne in etwas Butter unter ständigem Wenden anbräunen, und schon kannst du sie über den gekochten Blumenkohl streuen.

Blumenkohlauflauf

1 Blumenkohl

2 Becher Sahne oder Vollmilchjoghurt

Mehl

2 Eier

100 g Emmentaler

Butter

Den Blumenkohl kochst du nur halb weich in Wasser und gibst ihn in eine gefettete Auflaufform. Sahne oder Vollmilchjoghurt mit ein wenig Mehl und den Eiern verrühren, mit Salz, Pfeffer und Muskat würzen, geriebenen Käse unterrühren und alles in die Auflaufform über den Blumenkohl gießen. Zum Schluss legst du noch ein paar kleine Butterstücke obendrauf und lässt den Auflauf 20 Minuten im Backofen bei ca. 225° C überbacken. Wenn du es fleischig liebst, kannst du unter den Käse noch zwei Scheiben gekochten Schinken legen.

Apropos Blumenkohl: Das Tolle am Blumenkohl ist ja nicht nur sein Geschmack. Das Auge isst schließlich mit, und deshalb sollte der Blumenkohl auch schön weiß bleiben. Das erreichst du, indem du einfach etwas Zucker, Milch oder Zitronensaft mit ins Kochwasser gibst.

***Apfelrotkohl*, selbst gemacht**

750 g Rotkohl

100 ml Rotweinessig

50 g Butter

1 Zwiebel

3 Äpfel

25 g Zucker

125 ml Instant-Gemüsebrühe

200 ml Rotwein

½ Stange Zimt

½ Lorbeerblatt

3 Wacholderbeeren

2 Pfefferkörner
1–2 Gewürznelken
Pfeffer
Salz

Als Erstes putzt du den Rotkohl und schneidest ihn in feine Streifen. Dann fügst du Essig und Salz hinzu und lässt das Ganze 2 Stunden lang ziehen. Danach gibst du die Butter in einen Topf und dünstest die gewürfelten Zwiebeln und die ebenfalls geschälten, entkernten und gewürfelten Äpfel mit etwas Zucker glasig. Dann gibst du den Rotkohl mit der Flüssigkeit dazu und schmorst ihn an. Jetzt kommen die restlichen Zutaten dazu, alles wird vermengt und 30 Minuten im geschlossenen Topf gegart. Zuletzt entfernst du die Zimtstange, Nelke und das Lorbeerblatt und schmeckst den Rotkohl mit Salz und Pfeffer ab.

***Apfelrotkohl,* die Turbo-Variante**

Wenn du nun aus Zeit- oder Lustmangel zum Fertigrotkohl greifst, hier eine Zubereitungsform, wie er fast wie selbst gemacht schmeckt.

1 Zwiebel würfeln und in
etwas *Schmalz* anbraten
einen *säuerlichen Apfel* klein schneiden und dazugeben
den *Rotkohl* (entweder Glas oder Tiefkühl)
mit *2 Lorbeerblättern*
3 Pimentkörnern (Nelkenpfeffer)
2 Nelken
1 ½ Teelöffel Zucker
und einer Prise *Salz* aufkochen

einen Schuss *Apfelmus* dazugeben und alles zusammen dann bei kleiner Flamme eine Stunde köcheln lassen, bis der Apfel zerfallen ist. Ab und zu umrühren nicht vergessen.

Spinat

Beim Spinat kannst du ruhigen Gewissens in die Tiefkühltruhe greifen. Die Variante mit den Nudeln und dem Feta-Käse kennst du bereits. Ganz klassisch geht es aber auch mit Kartoffeln und Spiegelei. Kartoffeln (oder Kartoffelbrei) kochen, ein (oder mehrere Eier) in eine heiße Pfanne hauen und Spiegeleier braten. Den Spinat wie auf der Verpackung beschrieben zubereiten. Ist piepeinfach und schmeckt herrlich.

Du kannst den Spinat natürlich vorher noch mit Sahne oder Milch und etwas Gewürzen wie Salz, Knoblauch, Zwiebeln würzen.

Rosenkohl

Rosenkohl kannst du auf verschiedene Arten zubereiten. Zuerst musst du ihn immer putzen – von den unschönen und gelben Blättchen befreien – und waschen, dann kannst du ihn entweder in viel Salzwasser weich kochen oder in Butter andünsten, ablöschen und zugedeckt so lange dünsten, bis das Wasser fast eingekocht ist und die Röschen weich sind.

Wenn Freunde kommen: *Gemüsefondue*

für vier Personen

400 g Brokkoli putzen, waschen und in kleine Röschen zerteilen

2 Möhren putzen, schälen und in dünne Scheiben schneiden

500 g Pilze nach Wahl eventuell kurz waschen, trocken tupfen und putzen. Aus den Champignons die Stiele herausdrehen. Die Austernpilze in mundgerechte Stücke schneiden. Die Pilze mit Zitronensaft beträufeln und zusammen mit dem restlichen Gemüse auf einer großen Platte anrichten.

Für die Soße

7 EL Tomatenketchup

1 EL Worcestersoße

4 EL Öl, 2 EL Essig und *1 TL Zucker* miteinander verrühren. Die Soße in vier Portionsschälchen füllen und dies neben die Fondueteller stellen.

Für den Teig

1 Ei trennen. Das Eigelb mit
150 g Mehl und
3 EL Weißwein verrühren und
mit *Salz, Pfeffer* sowie *Paprikapulver* würzen. Das Eiweiß sehr steif schlagen und unter den Teig heben. Diesen ebenfalls auf 4 kleine Portionsschälchen verteilen und neben die Fondueteller stellen.

2 Flaschen Sojaöl in dem Fonduetopf auf dem Herd auf etwa 175° C erhitzen. Den Fonduetopf dann auf das heiße Rechaud stellen.

Die Gemüsestücke und die Pilze einzeln auf Fonduegabeln stecken, in den Teig tauchen und dann im Fett 2 bis 3 Minuten garen. Die Häppchen anschließend gut abtropfen lassen und in die Würzsoße dippen.

Wer nicht auf Fleisch verzichten möchte, kann auch Putenfleisch würfeln oder Schweine- oder Rindfleisch dünn geschnitten dazustellen. Auch bei den Soßen sind der Phantasie keine Grenzen gesetzt, und Fertigsoßen gehen natürlich auch.

Wenn Freunde kommen und wenig Lust auf viel Aufwand vorhanden ist: *das Wokessen*

Woks sind diese runden chinesischen Gemüsepfannen, die manche Menschen auch als Rennobjekte verwenden. Sie werden aus Edelstahl, Eisenblech, Gusseisen oder feuerfestem Porzellan hergestellt. Beschichtete Woks, Woks mit abgeflachtem Boden für Elektroherde sowie elektrisch beheizte Woks sind die modernen Verwandten dieses traditionellen Küchengeräts. Der Vorteil ist, dass du im Wok unheimlich hohe Temperaturen erreichst. Fleisch, Shrimps und Gemüse musst du im Wok wirklich nur ganz kurz erhitzen. Dadurch behält das Gemüse seine Farbe, bleibt schön knackig und vitaminreich. Fleisch wird schön knusprig, bleibt aber saftig. Das Kochen im Wok macht viel Spaß, und man kann den Wok anschließend auf den Tisch stellen und direkt daraus servieren.

Um ein sehr kommunikatives und vitaminreiches Wokessen wie z. B. Hühnchen süß-sauer zu zaubern, benötigst du:
für vier Personen

4 Hähnchenbrustfilets
1 Bund Lauchzwiebeln
2 Knoblauchzehen
1 Dose Ananas in Stücken – 260 g Ananasfleisch
1 Glas Bambusschösslinge
4 EL helle Sojasoße
2 EL Honig
2 EL Speisestärke
3 EL Öl
4 EL trockenen Sherry
3 EL Essig (im Idealfall Reisessig – oder Weißweinessig)

Du verrührst 1 EL Honig mit je 2 EL Sherry, Sojasoße und Stärkepulver. Die Hähnchenfilets wäschst du kalt ab (wg. evtl. Knochensplitter), tupfst sie trocken und entfernst Fett und Sehnen. Dann schneidest du das Fleisch in mundgerechte Häppchen und mischt sie mit der Honigsoße. Die Lauchzwiebeln putzt du und schneidest sie in Ringe, den Knoblauch ziehst du ab und würfelst ihn fein. Die Ananas gibst du zum Abtropfen in ein Sieb und fängst dabei aber ca. 3 Esslöffel vom Saft für die Soße auf. Die Bambusschösslinge lässt du abtropfen und schneidest sie in feine Streifen.

Den restlichen Honig mischst du mit dem Ananassaft und dem restlichem Sherry sowie der Sojasoße.

Nun kannst du im Wok das Öl erhitzen und das Hühnerfleisch portionsweise anbraten und beiseite stellen. Wenn du alles Fleisch angebraten hast, brätst du die Lauchzwiebeln, die Ananas und den Knoblauch an. Dann schüttest du die Bambusschösslinge noch dazu, gießt die Ananas-Honig-Soße darüber und zuletzt hebst du das Fleisch wieder unter. Dazu passt am besten Basmati-Reis.

Gewürze

Pfeffersäcke – so wurden im Mittelalter die Gewürzhändler verspottet, die mit Pfeffer aus Übersee reich geworden waren. Gewürze spielten damals eine ebenso bedeutende wirtschaftliche und politische Rolle wie heute das Erdöl. Sie wurden nicht nur zum Würzen benötigt, sondern auch als Konservierungsstoffe und als Grundlage für Arzneimittel. In unseren Zeiten stehen diese Kostbarkeiten gut verpackt und zu erschwinglichen Preisen im Supermarkt. Die Kenntnis von Pfeffer und Salz, das früher als »weißes Gold« bezeichnet wurde und im eigentlichen Sinne nicht zu den Gewürzen zählt, setzen wir jetzt einmal voraus. Des Weiteren gehört Paprikapulver und Muskatnuss in jede Junggesellen-Küche. Muskatnuss eignet sich hervorragend für Käsesoßen – wie z. B. in unserem Lasagnerezept Seite 109 – und zu Kohlgerichten. Bei den Gewürzen kommt es vor allem auf die richtige Dosierung an. So können zum Beispiel schon vier Gramm Muskat bei Erwachsenen zu Vergiftungserscheinungen wie Kopfschmerzen, Übelkeit, Gleichgewichtsstörungen und Rauschzuständen mit Halluzinationen führen. Deshalb: Immer schön die Rezeptmenge beachten oder sich langsam an die richtige Dosierung heranschmecken.

Leider können wir dir keinen kompletten Überblick über alle Gewürze geben. Wenn du Gewürze ausprobieren willst, dann solltest du dir öfters mal ein Rezept heraussuchen, in dem eines oder mehrere neue Gewürze benötigt werden.

Der Junggesellengewürzschrank

Diese Gewürze sollten – zumindest in getrockneter Form – in deinem Schrank zu finden sein:

Salz (jodiert)

Pfeffer (die Farbe ist egal – je nach Geschmack)

Paprika (edelsüß oder scharf)

Muskat

Basilikum

Oregano

Majoran

Zimt

Chinesisches Gewürz (gibts im Asia-Laden)

Grillwürze (zum Grillen)

Frische Gewürze

Petersilie wird in erster Linie frisch verwendet. Was also tun, wenn du die grünen Pflänzchen etwas länger aufheben willst? Ganz einfach: Die Petersilie waschen, die Röschen vom Stiel trennen, Gefrierbeutel auf, Petersilie rein. Gefrierschrank auf, Tüte rein. Die Petersilie zerkleinert sich durch den Frost von alleine. Das Kleinschneiden kannst du dir also sparen.

Willst du die Petersilie in den nächsten ein bis drei Tagen verbrauchen, so kannst du die Petersilie auch im Kühlschrank lagern: Die Petersilie anfeuchten und in Küchenpapier wickeln. Das Ganze dann in eine Plastiktüte stecken. Die Petersilie bleibt so bis zu einer Woche frisch und muss nicht eingefroren werden. (Wenn du Überraschungseier sammelst, brauchst du ab sofort die gelben Döschen nicht mehr wegschmeißen. Die benutzt du einfach als Behälter, um gehackte und frische Kräuter einzufrieren.)

Auch eine Möglichkeit: Die Petersilie in einem zu einem Drittel mit Wasser gefüllten Glas im Kühlschrank unterbringen (Stiel natürlich ins Wasser).

Schnittlauch stellst du ebenfalls in ein Wasserglas. Du musst ihn nur, da er sich fast ganz mit Wasser füllt, vor dem Verwenden sorgfältig ausschütteln oder wälzen.

Frisches Basilikum selbst ziehen ★★★★★

Basilikum an frischen Tomaten, zu Nudelgerichten oder einfach nur so zur Dekoration leckerer Speisen ist eine herrliche Sache. Was fast keiner weiß, ist, dass Basilikum ganz leicht selbst »gezogen« werden kann. Wenn also beim Kaufmann um die Ecke mal wieder ein Töpfchen für 99 Cent zu haben ist, greif zu! Such einen schönen hellen Platz, und gieße es täglich etwas. Schon bald kannst du das Gewächs etwas ausdünnen, indem du 4–6 Stängel möglichst weit unten abschneidest. Ins Wasser gestellt, bilden sich schon nach 5–7 Tagen Wurzeln aus, die es erlauben, die kleinen Ableger einzutopfen. Wichtig ist, einen Topf zu nehmen, der groß genug ist. 12–14 cm Durchmesser. Beim Einpflanzen sei vorsichtig, dass die filigranen Wurzeln nicht kaputtgehen.

Was meint die Jury?

: Übrigens blüht Basilikum auch schön. Die obersten Triebe mit den Blüten kannst du auch abschneiden und in einer kleinen Schale im Bad oder Kleiderschrank aufbewahren – soll gut gegen Ungeziefer sein und riecht auch gut.

: Zu Zeiten des Überangebots kann man auch die Blätter entweder ganz oder fein gehackt einfrieren. Dazu vorher NICHT waschen – sonst hast du nichts als einen grünen Klumpen!

: Frisches Basilikum braucht vor allem täglich Wasser, wenn es auf der Heizung bzw. in der Nähe steht. Aber nicht übertreiben! Ich hab schon zwei kaputtgegossen. :-(Finger in die Erde: Klebt sie noch leicht an den Fingern, ist es feucht genug.

: Basilikum sollte man übrigens immer mit einer Schere abschneiden (nicht Blätter abzupfen!), am besten über einer Blattgabelung. Dort kommt dann auf jeder Seite ein neuer Trieb heraus, so dass nach einiger Zeit das Basilikum richtig buschig wird und man viel mehr davon hat, als man braucht!

Knoblauch auf Vorrat

Wenn du alleine wohnst, dann ist ein Netz Knoblauch (oder sogar eine Knolle) meist viel zu viel. Probiere es doch mal mit folgender Methode: Schäle gleich mehrere Knoblauchknollen, drücke die Zehen durch die Knoblauchpresse direkt in ein leeres ausgespültes Marmeladenglas. Etwas Salz dazu und mit Olivenöl (neutrales Öl geht auch) auffüllen, Deckel drauf und gut schütteln. So hast du immer Knoblauch zum Würzen zur Hand. Hält sich prima im Kühlschrank und das Öl (ist ja dann »Knoblauchöl«) kannst du auch weiterverwenden.

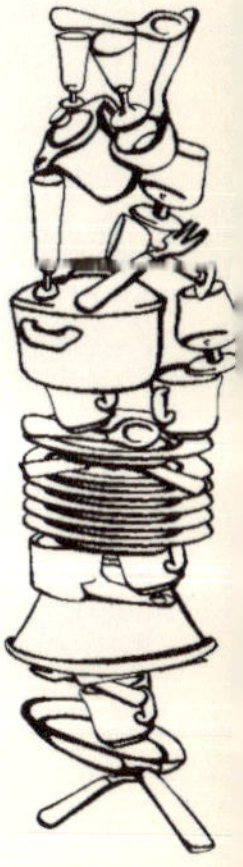

Kardamom

Wir möchten dir noch ein bei uns bislang wenig bekanntes Gewürz vorstellen: Kardamom! Es kommt ursprünglich aus dem Süden Indiens und ist mittlerweile in der Stuttgarter Markthalle angekommen. Die Samen dieser zu den Ingwergewürzen gehörenden Pflanze besitzen ein süßlich-scharfes Aroma. Bei uns werden die ganzen Fruchtkapseln getrocknet angeboten. Bei Bedarf werden diese zwischen Daumen und Zeigefinger zerdrückt, dabei fallen die Samen heraus, die du dann mit einem Mörser zermahlen kannst.

Wozu kannst du Kardamom verwenden? Wir raten unbedingt zum fröhlichen Testen. Zum Beispiel mit grobem Zucker zerrieben in den Kaffee, Espresso oder Cappuccino – du wirst von den Kniestrümpfen sein – oder ins Müsli und zum Fruchtsalat. Auch als würzige Variante, zu Lamm oder Wild, ganz neue Geschmäcker kommen auf dich zu.

Jetzt noch ein Tipp für die Liebhaber des Schwäbischen: »Kardamom uffs Göschle von daim Mädle gschmiert, omkehrt gild nadürlich au, ond no em Schmadzer druff druckt, des isch ebbes vom Fainschda. Brobiers no glei mol aus, die Begaischderung kennt koine Grenza. Liebe goht durch da Maga (Ranza).«

Für Nicht-Schwaben: Wenn Sie Ihrer Flamme zerbröselten Kardamom auf die Lippen stäuben und sich ihr in küssender Weise nähern, werden anschließend ihre Geschmacksknospen voll des Erstaunens sein.

PUTZTEUFEL

Erstelle einen Putzplan!

Der Putzplan – Objekt hitziger WG-Diskussionen, Dokument guter Vorsätze oder Ausdruck deutscher Spießigkeit – wie auch immer. Wir haben hier einen Plan zusammengestellt, der dir helfen wird, dein Heim in einen Hort der Sauberkeit und Gemütlichkeit zu verwandeln. Unser Arbeitsplan kann natürlich nur ein Vorschlag sein, um deine Hausarbeit effizienter zu verrichten, und hängt von der Größe deiner Wohnung, dem Grad der Verschmutzung, deinem persönlichen Sauberkeitsempfinden, deinem Bewegungsdrang, von Lust und Laune ab.

Wir empfehlen, ihn auf deine Bedürfnisse zurechtzuschneidern, und hast du ihn einmal in dein wöchentliches Workout-Programm integriert, bietet er dir unschätzbare Vorteile: Du fängst nicht immer wieder von neuem an zu überlegen, mit was wo anfangen, und du erwachst auch nicht irgendwann auf einer Müllhalde, wo dir nur noch bleibt, entweder deine Mutter anzurufen oder auszuziehen.

So reinige ich meine Wohnung am einfachsten ★★★★★ ☆☆☆☆☆

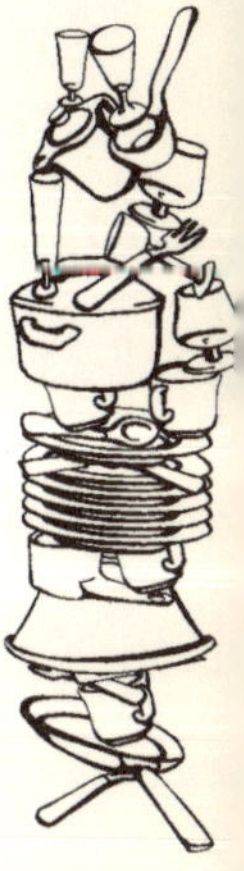

Am besten übers Wochenende verreisen, und Mutti den Wohnungsschlüssel zum Blumengießen geben – funktioniert meistens.

Was meint die Jury?

Aber ich kenn deine Mutti doch gar nicht!

: Klappt vor allem – zumindest bei meiner Mutter – wenn man vorher ausdrückliches Putzverbot ausspricht.

: Ihr habt die Schwiegermütter vergessen – die putzen noch gründlicher, und sei es nur, um der Schwiegertochter zu zeigen, wie es »richtig geht«.

: Eine putzsüchtige Nachbarin für die Katzenfütterung tut es auch.

: Auch wenn es schulmeisternd klingt: Selbst ist der Mann/die Frau! Ich habe als Mann alleine 100 qm zu warten. Geht hervorragend. Ein Tipp: Weniger Teppich verlegen, dann kann man mit Staubsauger oder Feudel schön agieren, und die Milben bleiben draußen.

: Hallo, bin selber Mutti und Schwiegermutti, aber es fiele mir im Traum nicht ein, die Wohnung meiner Kinder zu putzen. Bei mir kommt auch keiner zum Putzen.

: Mein Sohn macht das seit 5 Jahren so, und ich falle immer wieder darauf rein.

: Ich glaube, Mütter sind mit einem »Schmutzorgan« ausgestattet, sie finden geringste Dreckmengen schon auf große Entfernungen. Kein Wunder, dass sie sich so gut für diesen Tipp eignen.

: Guter Tipp, aber nur, wenn Sohn oder Tochter auch etwas für mich tut, etwas, was ich nicht so gern mache, z. B. Rüschenhemden bügeln oder Marmelade einkochen!

Arbeits-Schritt	Was	Wann	Wo	Wie	Vorsicht	Wie lange
1	Durchlüften	1–2-mal täglich	in der ganzen Wohnung	Fenster 10 Minuten auflassen	Fliegende Blätter, knallende Türen	5–10 Minuten
2	Bett machen	1-mal morgens	im Schlafzimmer	Kissen und Decke ausschütteln, lüften und wieder schön aufs Bett drapieren	Vor dem Ausschütteln aus dem Fenster Decken nach Büchern, Schmusetieren und sonstigen Bettgenossen untersuchen	5 Minuten
3	Aufräumen	täglich	in der ganzen Wohnung	Hier gilt das Prinzip: Tue es gleich richtig, alles an seinen Ort bringen, keine Zwischenlager bilden	Beim Aufräumen der alten Zeitschriften nicht anfangen zu lesen	20 Minuten
4	Staub wischen	1-mal wöchentlich und nach Bedarf	vor allem in Schlaf- und Wohnräumen	Lappen, Wasser, wenig Spülmittel	Vorsichtig auf Stühle/Leitern steigen, wenn hohe Schränke oder Regale abgewischt werden sollen	10–30 Minuten

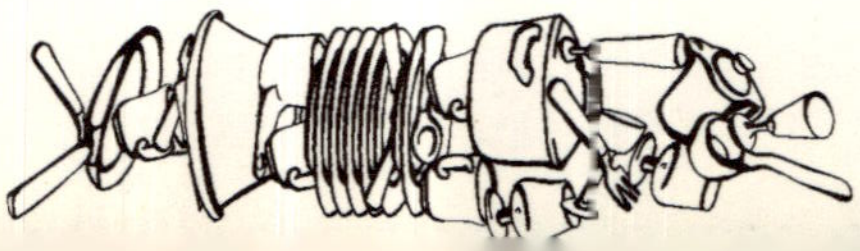

Arbeits-Schritt	Was	Wann	Wo	Wie	Vorsicht	Wie lange
5	Staubsaugen bzw. Fegen	1-mal wöchentlich und nach Bedarf	in der ganzen Wohnung	Mit dem Staubsauber bzw. dem Besen	Auch Kleinteile können von Bedeutung sein, also immer schön gucken, was verschlungen wird	15 Minuten
6	Spülen	am besten täglich	in der Küche	Die üblichen Verdächtigen: Wasser, Spülmittel und Lappen	Nicht am heißen Wasser verbrennen und Vorsicht bei scharfen Messern, spitzen Gabeln und brüchigem Porzellan	In 15 Minuten sollte das erledigt sein
7	Müll rausbringen	1–3-mal wöchentlich und nach Bedarf	Küche/Bad	Ist der Müll sortiert? Dann Müllbeutel zuknoten und in die Mülltonne stecken	Vor der Nachbarin, wenn du die Sektflasche in die Papiertonne schmeißt	5 Minuten
8	Blumen gießen	1-mal wöchentlich	Da, wo Pflanzen stehen	Mit einer Gießkanne	Rutschgefahr	5 Minuten

Unsere große Internetgemeinde – euch sei an dieser Stelle nochmals tausendfach gedankt – hat uns mit reichlich Tipps für den Wohnungsputz versorgt. Hier die besten:

Wohn- und Arbeitsbereich

Fernbedienung und Tastatur säubern ★★★★☆

Zum Reinigen von allem, was Tasten, Knöpfe, Räder mit Mini-Zwischenräumen hat, nehme ich einen ganz normalen Rasierpinsel. Er hat einen ausreichend großen Durchmesser, die Borsten sind fest genug, aber nicht zu hart, um die Oberflächen zu zerkratzen. Ein paar Mal kreuz und quer über die Fernbedienung oder das Keyboard gepinselt, und ruck, zuck ist der Staub auch in den kleinsten Zwischenräumen weg! Nachteil: Es wirbelt natürlich etwas Staub auf. Aber du kannst ja die Fernbedienung (oder auch je nach körperlicher Konstitution die Stereoanlage) beim Putzen zum Fenster raushalten.

Was meint die Jury?

: Eignet sich auch fürs Cockpit im Auto.

: Ich nehme zum Staubwedeln bei Kleinteilen einen günstig vom Krabbeltisch erstandenen Kosmetikpinsel. Zwischenräume bei Fernbedienungen bekommt man auch gut mit einem feuchten Wattestäbchen sauber.

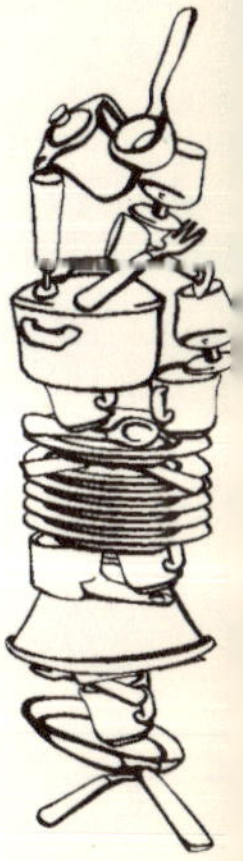

: Benutze immer einen Lasur-Pinsel: breit und schmal mit längeren Haaren. Eignet sich auch für tiefere Zwischenräumchen (z. B. Tastatur).

: Tastaturen bau ich auseinander und wasche die Tasten in einem Eimer Seifenwasser. Aber immer merken/aufschreiben/fotografieren, welche Taste wohin gehört. Die Platine grob säubern (ausschütteln) oder z. B. mit dem Staubsauger oder einem kleinen Besen reinigen.

: Alternative zur Pinseltechnik: Einfach den Staubsauger nehmen, den kleinen Bürstenaufsatz aus dem beiliegenden Zubehör finden, drauf stecken und die staubigen Kleingeräte kreuz und quer absaugen. Das funktioniert super und wirbelt auch keinen Staub auf.

: Für Perfektionisten: In Fotogeschäften gibts eine Putzpumpe zum Reinigen von Objektiven – funzt wunderbar bei Tastaturen und z. B. beim Reinigen von den Fuzzi-Ritzen beim Handy.

: Mein Tipp: 24 Stunden Fernseh gucken und immer schön zappen, da kann Staub nicht Platz nehmen.

: Deine Fernbedienung möchte ich nicht sehen, da kleben bestimmt schon die Finger fest.

: Nehme auch einen Schminkpinsel, funzt prima. Sollte mal eine Flüssigkeit über ne Fernbedienung gelaufen sein, wird sie demontiert und komplett bis auf die Platine ins Ultraschallbad gelegt (geniale Erfindung). Die Platine selbst reinige ich mit Spiritus (Ethanol), hat schon so manchen hoffnungslosen Fall wiederbelebt.

: Statt alle paar Wochen mühselig die Tastatur zu reinigen (manche sind wirklich ekelig schmutzig!), einfach eine Lage Klarsichtfolie von der Rolle um die Tastatur wickeln. Die verrutscht nicht, ist einfach auszuwechseln, und die Tastatur sieht immer wie neu aus. Trotz Folie ist sie sehr gut zu benutzen.

: Habt Ihr eigentlich nichts Wichtigeres zu tun? Manche eurer Putzaktionen haben schon was Neurotisches, oder?

: Nein, nichts Neurotisches, eigentlich nur alles, was mit minimalem Aufwand das maximale Ergebnis bringt. Kannst du auch was dazu beitragen? Danke!

Reinigung von Orientteppichen ★★★★☆

Wenn dein Orientteppich unansehnlich geworden ist, kannst du ihn mit der Oberseite in den Schnee legen und mit dem Teppichklopfer ausklopfen. In schneelosen Zeiten besorge dir je nach Größe des Teppichs 1–2 Pfund Sauerkraut. Mit einem Schrubber tüchtig einmassieren, abtrocknen lassen und kräftig absaugen. Der Teppich sieht aus wie neu, denn die Säure bringt die Farben wieder schön frisch hervor.

Was meint die Jury?

: Mit Sauerkraut? Und dann müffelt die Bude noch jahrelang nach Krautfaß oder?

: Kenne beide Methoden aus Kindheitstagen. Meine Großmutter und meine Mutter haben so ihre Läufer gereinigt. Funktioniert wirklich.

: Ich habe bis vor kurzem meinen Perser immer mit Essigwasser gereinigt. Hat auch gut geklappt. Aber kaum zu glauben: Sauerkraut stinkt weniger, als wenn du Essigwasser nimmst, wenn du es richtig einmassierst, frischst du nicht nur die oberen Spitzen auf, sondern die Reinigung erfolgt auch in der Tiefe.

: Perser, Läufer?? Wo bin ich hier?!

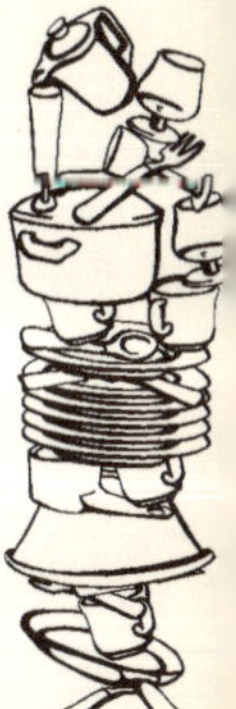

Wohl riechender Staubsauger ★★★★☆

Stinkts aus dem Staubsauger, gibt es verschiedene Möglichkeiten der Abhilfe. Eine ist das Einsaugen von Waschmittel. Allerdings nur wenig Waschpulver verwenden, da das Mittel bei zu hoher Konzentration einen beißenden Geruch verbreiten kann. Auch sollte es kein Flüssigwaschmittel sein, da dieses den Staubsaugerbeutel beschädigen kann, sondern eines in Pulverform.

Was meint die Jury?

: Wie wäre es mal mit Staubsaugerbeutelwechsel. Den Luftfilter kannst du ebenfalls austauschen oder ihn absaugen, sauber abstauben, ausklopfen, lüften oder mit Druckluft richtig durchblasen. Wenn du deinen Staubsauger gründlich gereinigt und einen neuen Beutel eingesetzt hast, dürfte er eigentlich nicht mehr »stinken«.

: Waschmittelgeruch ist ja nicht jedermanns Sache. Ich empfehle Früchte- oder Pfefferminztee – hat ebenfalls eine wohlriechende Wirkung.

: Wenn du Düftöle oder Duftstäbchen zu Hause hast, kannst du auch ein paar Tropfen deines Lieblingsgeruches auf den Beutel träufeln oder ein bis zwei Duftstäbchen neben den Beutel in den Staubsauger legen.

Wände wie neu ★★★★★

Die meisten Wände lassen sich gut mit Wasser und einem milden Allzweckreiniger abwaschen. Spart den Tapezierer.

Was meint die Jury?

: Guter Tipp. Aber wenn sich irgend so ein bewegungsfauler Volltrottel beim Schuheanziehen mal wieder an der Wand abgestützt hat und danach seine Grabscher deutlich zu erkennen sind, kann man das auch mit einem einfachen Radiergummi in Windeseile wegrubbeln.

: Fettflecken an der Wand lassen sich auch entfernen, wenn du ein Löschpapier nimmst und über die Stelle an der Wand bügelst. Das Löschpapier saugt das Fett auf!

: Fettflecken werden mit Kartoffelmehl bestreut, nach dem Einwirken kann man es ausbürsten. Das funktioniert auch bei Flecken im Teppich.

: Hab noch einen Tipp zu diesem Thema, funzt aber höchstwahrscheinlich nur bei weißer Tapete (zumindest nur dort an Flecken getestet, die sich über Jahre gebildet hatten): Chlorfix verdünnen und mit einem Lappen den Fettfleck von der Wand reiben. Klappt bestens, so hab ich meine Wohnung für den Nachmieter etwas freundlicher erscheinen lassen.

: Die neuen Meister-Proper-Schwämmchen sind der Hammer. Damit kriegst du alles von den Wänden ab.

: Fettflecken werden wie neu, wenn man sie täglich mit Butter einschmiert.

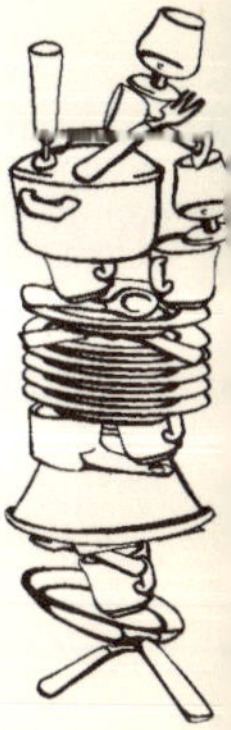

Cheat – Holzmöbelpflege

- Echtholzmöbel pflegst du am besten mit einem Öl (erhältlich im Handel)
- Furnierte Möbel (das sind die häufigsten) behandelst du mit Möbelpolitur oder mit Möbelspray
- Falls du lackierte Möbel hast, kannst du diese einfach mit normalem Spülwasser (frisches) oder mit Glasreiniger säubern
- Nie »scharfe« Reiniger verwenden, da sonst die Oberfläche zerkratzt

Küche

Schränke abwischen ★★★★★

Am besten und einfachsten lässt sich diese Fettschmiere oben auf den Küchenschränken und der Dunstabzugshaube mit einem in Öl getränkten Lappen entfernen. Dann die Schrankoberfläche mit einfachem Spülmittelwasser nochmals abwischen und fertig.

Was meint die Jury?

: Hab ich sofort ausprobiert. Funktioniert bestens.

: … wenn es dann immer noch nicht klappt, kann man das Öl kurz erhitzen und mit einem Schwämmchen auf die völlig verdreckten Stellen auftragen. Als ich umzog, habe ich damit meine lange vernachlässigten Oberschränke wieder knallsauber gekriegt.

: Mit Öl hab ich es noch nicht probiert, ich nehme Autoscheibenreiniger. Damit geht jedes Fett ab.

: Also das Einfachste ist, alte Zeitungen auf die Schränke zu legen und diese hin und wieder mal auszuwechseln … kein Putzen, kein Schmieren und überhaupt nicht zeitaufwendig!

: Auf meinen Küchenschränken habe ich Frischhaltefolie liegen. Ich klebe sie an einigen Stellen mit Tesafilm fest. So kann sie bei einem Windstoß (Durchzug in der Küche) nicht verrutschen. Wenn man Zeitungspapier nimmt und es nicht oft genug wechselt, kann es durchfetten. Dann hat man das Problem, dass man das Zeitungspapier auch noch schwer abbekommt.

: Also ich habe immer Geschirrhandtücher auf den Schränken liegen. Sie sind billiger als Folie, denn sie können wiederverwendet werden, und weggeflogen ist mir noch kein einziges. ;o)

: Wer guckt schon auf die Schränke? Wäre froh, wenn mir das einer erklärt. Erkenne den Sinn einer solchen Aktion nicht ganz …

: Ich glaube, das Problem ist, dass die hartnäckige Fett-Staub-Schicht auf den Schränken sehr schwer zu reinigen ist. Hab allerdings auch eine Weile gebraucht, um zu kapieren, wohin das Papier gelegt wird. Ich dachte anfangs auf die Arbeitsfläche …

Edelstahlglanz ohne Streifen ★★★★★

Nach dem Reinigen von z. B. Dunstabzugshauben oder Kühlschranktüren aus Edelstahl einfach etwas Baby-Penatenöl auf einen Lappen geben und die Edelstahloberflächen leicht damit einreiben. So haben Fingerabdrücke keine Chance mehr.

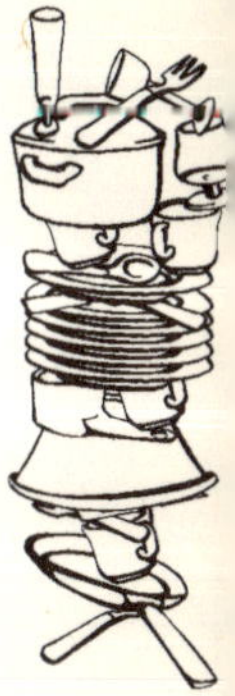

Was meint die Jury?

: Funktioniert wirklich und riecht auch noch gut.

: Die Edelstahlteile in meiner Küche glänzen wieder. Perfekt!

: Heute ausprobiert, und ich flippe aus! So leicht anzuwenden und so strahlend das Ergebnis. DANKE für den tollen Tipp.

: Ich verzweifle an meiner Dunstabzugshaube! Auch der Trick mit dem Öl funktioniert nicht. Egal, mit welchem Stahlreiniger ich sie putze, immer bleiben Streifen, und der nächste Lappen wird wieder schwarz. Mit dem Öl (zugegeben, ich habe Nivea-Hautöl benutzt) wieder das Gleiche: Fingerabdrücke und Streifen sieht man trotzdem noch. Wer kann mir helfen, dieses Rätsel zu lösen? Rettet meine Dunstabzugshaube, sonst schmeiß ich sie eines Tages raus!

: Mein Tipp: ein wenig Vaseline auf einem Küchentuch einreiben und dann mit einem sauberen Küchentuch nachreiben.

: Habe eine neue Haube bekommen und dabei lag eine Flasche Lampenöl – funktioniert einwandfrei. ;-)

Backofen reinigen ★★★★★

Ich hatte kürzlich noch Ceranfeldreiniger auf meinem Putzlappen und habe damit kurz über die verspritzten Backofen-Ausschübe gewischt. Sie wurden ohne großes Reiben und Schrubben blitzblank. Danach habe ich damit auch den Backofen innen geputzt und selbst der eingebrannte Schmutz ließ sich damit problemlos entfernen.

Was meint die Jury?

: Was ist das und wo kaufe ich es?

: Das ist ein Reiniger für Cerankochplatten, flüssig in der Flasche zu kaufen in Drogerie- und in einigen Supermärkten.

: Ich habe gestern damit meinen Backofen gereinigt, und es ging super. Ich war total baff. Wenn es richtig eingebrannt ist, sollte man allerdings noch einen Metallschwamm zu Hilfe nehmen.

: Um Verschmutzung zu vermeiden, kommt aber bitte nie auf die Idee, Alufolie direkt auf den Backofenboden zu legen. Die Oberflächenbeschichtung reagiert mit der Alufolie. Das steht auch in der Anleitung zu deinem Backofen.

: Richtig. Bei mir hat sich die Alufolie in den Herdboden richtig fies eingebrannt.

: Sollte der Gitterrost von eurem Backofen verkrustet sein, könnt ihr ihn am besten, schnellsten und billigsten mit Soda und einem Schwamm (blaue Seite) reinigen. Soda gibt es in der Drogerie.

: Ich finde, mit verseifter Stahlwolle (Abrazo oder Ako-Pads) hat jeder Grillrost seinen Schrecken verloren.

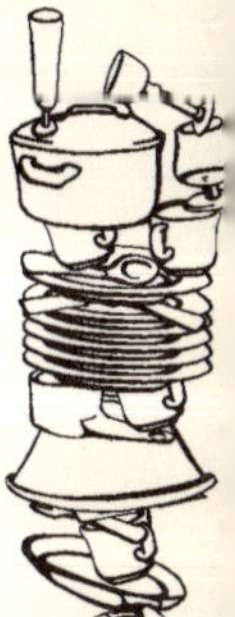

Cheat – saubere Küche	
Art der Verschmutzung	**Gegenmittel**
Eingebranntes	Wasser mit Spülmittel, Backpulver, Essig oder Essigessenz, Waschmittel, Speisenatron, Soda oder sogar Abflussreiniger, je nach Verschmutzungsgrad einweichen oder aufkochen lassen und spülen.
Kalkrückstände	Wasser mit Essig oder Essigessenz, Zitronensäure, Früchtetee, Glühwein oder Backpulver und das Ganze einwirken lassen und nachspülen oder evtl. aufkochen.
Tee- und Kaffeerückstände	Wasser mit Spülmaschinenpulver, Backpulver, Salz oder Gebissreiniger einwirken lassen und ausspülen.
Verschmutzte Spüle	mit Klarspüler, Zahnpasta, Zitronenscheiben, Orangenscheiben, Kartoffelschalen oder Scheuermilch einreiben und sauber abspülen.

Unangenehme Gerüche aus dem Kühlschrank vertreiben ★★★★☆

Du nimmst ein Stück Holzkohle, legst sie in den Kühlschrank, und schon verschwinden die lästigen Gerüche von Käse, Fisch etc. Das ist billig, schimmelt nicht und kann auch nicht verschüttet werden.

Was meint die Jury?

: Wenn der Kühlschrank unangenehm riecht, gibt es einen kleinen, aber feinen Trick: Einfach eine Schale mit Zitronenwasser hineinstellen – das hilft!

: Man kann auch Natron auf einen kleinen Teller schütten und in den Kühlschrank stellen.

: Alternativ zum Zitronensaft kann auch etwas Milch helfen, die Milch bindet die Gerüche. Muss aber spätestens jeden zweiten Tag gewechselt werden!

: Na prima! Du knallst einmal den Kühlschrank zu, und schon ist die ganze Soße im Gemüsefach. Besser: einen Würfel Hefe offen in den Kühlschrank legen. Er saugt Gerüche auf. Wenn er anfängt zu schimmeln, tauschst du ihn einfach aus.

: Gerüche im Kühlschrank entstehen in der Regel durch vergammeltes Essen; fauliges Gemüse, Eier, verdorbenes Fleisch und Fisch stinken am schlimmsten. Wie wärs also einfach mal mit leer räumen und ordentlich sauber putzen! Abgelaufene Lebensmittel aus dem Kühlschrank entfernen, Flüssigkeiten, Ränder von Milchflaschen etc. wegwischen.

Wasserkocher entkalken ★★★★☆

Supertipp für essiggurkenessende Teetrinker: Sobald du alle Gurken aufgefuttert hast, einfach die übrige Brühe aus dem Gurkenglas in den Wasserkocher kippen. Nach Bedarf mit Wasser so weit auffüllen, bis die Kalkgrenze erreicht ist. Über Nacht stehen lassen, morgens ist der Wasserkocher wieder blitzeblank!

Was meint die Jury?

: Oder eben einfach gleich Essig nehmen!

: Das funktioniert mit jeder Art von Säure (nur sollte sie nicht so stark sein, dass sie den Wasserkocher auflöst. :-) Der Reinigungsprozess lässt sich auf ca. 10 Minuten verkürzen, wenn man das Essiggurkenwasser im Wasserkocher zum Kochen bringt.

: Mein Wasserkocher aus Metall ist stets sauber und kalkfrei, weil ich statt Zitronensäure oder Essig einfach Früchtetee verwende. Koche einfach Früchtetee (keinen aromatisierten schwarzen Tee) im Wasserkocher und schütte ihn nach dem Erkalten wieder aus.

: Und warum sollte ich jetzt Tee statt Essig oder Zitronensäure nehmen?

: Ey, ich hab praktisch nie Zitronensäure, und schon gar nicht Essig im Haus, aber nen Beutel Früchtetee find ich immer. Also, toller Tipp.

: Hatte gestern ein überraschendes Erlebnis mit Glühwein. Habe diesen in meinem Wasserkocher heiß gemacht, und als die Tassen voll waren, bemerkte ich, dass jeglicher Kalk verschwunden war und mein Wasserkocher aussah wie frisch aus dem Laden. So sauber habe ich ihn noch nicht mal mit »Antikalk« bekommen. Das nenne ich mal eine günstige Alternative. Fragt mich aber nicht nach den Gründen. Vielleicht die Weinsäure?

Thermoskannenreinigung ★★★★★

Tee und Kaffeereste in Thermoskannen bekommt man weg, indem man eine halbe Portion Spülmaschinenpulver oder -Tabs mit heißem Wasser übergießt. Einfach über Nacht einwirken lassen, und die Thermoskanne ist wie neu.

Was meint die Jury?

: Guter Tipp. Aber sehr viel preiswerter und schonender funktioniert es mit einem Tütchen Backpulver.

: Leute, ich schraube die Thermoskannen auf und stelle alle Einzelteile in die Spülmaschine! So kann ich noch sehr viel mehr mit abwaschen mit einer halben Tablette. Wird garantiert wie neu!

: Man kann auch ein bisschen Kochsalz in die Thermoskanne streuen und dann mit einer Spülbürste ausreiben.

: Ich habe immer Gebissreiniger ohne Minzgeschmack zum Reinigen zu Hause. Wasser in die Vasen (besonders die engen, wo keiner mit der Hand hineinkommt) oder Thermoskannen, je nach Bedarf ½ oder 1 Tablette dazu und stehen lassen. Anschließend klar nachspülen. Glänzen wie neu. Auch für Toiletten ist das super, am besten über Nacht zwei Tabletten wirken lassen.

: Habe mit Gebissreinigern meine Thermoskanne zum Blinken gebracht, aber hatte dann ein weitaus größeres Problem am Hals.

Als meine Freundin (noch ganz frisch) nach dem ersten gemeinsamen Wochenende bei mir anrief, fragte sie mich völlig konsterniert, warum ich denn bitte in aller Welt Corega-Tabs in meinem Badschrank aufbewahre. Ich – nicht auf den Mund gefallen – habe sie gefragt, ob sie denn meine Zähne im Glas auf dem Nachttisch nicht gesehen hätte. Also, viel fehlte da nicht mehr, und ich wäre wieder solo gewesen. Ich konnte sie nur noch mit Mühe davon überzeugen, dass bei mir noch nichts zum Rausnehmen ist! (Bin 30.) Überlegt euch bitte gut, wo ihr das Zeug aufhebt, wenn ihr eure Lady das erste Mal alleine ins Bad lasst.
PS: Was sucht frau eigentlich in meinen Schränken?

: Also, Jungs, wenn ihr wüsstet, was wir Frauen so alles durchsuchen, dann würdet ihr die Tür vom Badezimmerschrank freiwillig aushängen.

: Badezimmerschränke angucken ist doch noch harmlos. Außerdem muss frau doch auch sichergehen, dass sie sich keinen Psychopathen mit Arsen im Schrank geangelt hat! :-)

: Hey, ich hab im Badschrank immer eine Murmel. Dann hört man auch von außen, wenn jemand den Schrank durchstöbert.

: Wieso hebst du das Entkalkungsmittel im Badschrank auf? Das gehört unter die Spüle.

: Die würde ich auch nie durchsuchen. Im Gegensatz zum Badschrank. Das ist Pflicht.

: Was machen Frauen, wenn Mann keinen Badschrank hat?

: Eine männliche Single-Wohnung so zu sterilisieren, dass ein weiblicher Besuch nichts findet, ist wohl kaum möglich.

: Stell dir vor, sie hätte zwei Zahnbürsten im Becher entdeckt. Das wäre ein echter Erklärungsnotstand.

: Eure Probleme möchte ich haben! Ich wäre froh, wenn eine Frau meinen Badezimmerschrank genauer unter die Lupe nehmen würde. Aber es kommt ja noch nicht einmal eine Frau in die Nähe meiner Wohnung, geschweige denn meines Bades!

Bad und WC

Badreinigung mit Apfelsinenschale ★★★★★

Um das Waschbecken sauber zu bekommen, kannst du es mit der Innenseite einer Apfelsinenschale einreiben. Danach mit einem Mikrofasertuch polieren. Durch die Apfelsine bekommt das Bad auch noch einen frischen Duft.

Was meint die Jury?

: Es gibt auch Putzmittel zu kaufen, die vorwiegend Orangenöl enthalten. Man braucht nur wenig davon.

: Ich finde die Idee auch gut, da man ja häufig Orangen isst und die Schale sonst sowieso wegwirft!

: Ich habe wenig Zeit, um stundenlang das Bad mit Apfelsinenschalen zu reinigen, wofür gibt es Kalksprays?

: Mit Zitronenschalen (hat man immer da) nach dem Auspressen die Armaturen (Wasserhähne etc.) einreiben, einwirken lassen, nachspülen – spart jedes Putz- und Entkalkungsmittel.

: Habs grad ausprobiert, klappt echt super! Allerdings hab ich das Waschbecken mit Wasser und einem Tuch vorgereinigt, die Kiddies verkleckern immer Zahnpasta.

: Und danach zur Heizungszeit die Orangenschale noch auf die Heizung, das riecht lecker!

Schimmel im Bad ★★☆☆☆

Neue Wohnung, alter Schimmel/neuer Schimmel? Domestos oder ein ähnliches Produkt in eine kleine Sprühflasche/Zerstäuber füllen und großzügig auf den Schimmelbefall (Silikonfugen, auch vergilbte und Fliesenfugen) sprühen, eine Nacht einwirken lassen und danach nur mit reichlich Wasser spülen. Nicht kratzen, sonst wird lediglich die Fuge aufgeraut und Schimmel bildet sich schneller. Der unangenehme Geruch verschwindet nach dem Abspülen recht schnell.

Was meint die Jury?

: Das nutzt doch nichts, wenn einmal Schimmelbefall ist, gibt es kein Heilmittel. Das ist alles nur temporär! Am besten ist: Fugen raus und Neuversiegeln. In Zukunft immer nach dem Duschen Fliesen kurz trocken reiben!

: Und was macht man, wenn der Schimmel nicht in den Fugen, sondern in der angeblich mit wasserabweisender Farbe gestrichenen Tapete sitzt?

: Bei Schimmelbefall in Zimmerecken und an Wänden sollte man seine Lüftungsgewohnheiten ändern. Bei jedem Maler bekommt man außerdem Mittel, die vorhandenen Schimmel abtöten und ausschwemmen.

: Nur weil man die Schimmelflecken erfolgreich überstrichen hat, mit welcher Chemie auch immer, heißt das noch lange nicht, dass da kein Schimmel mehr ist.
Fakt ist: Schimmelsporen sind stark gesundheitsgefährdend und krebserregend. Schimmel niemals im trockenen Zustand abbürsten! Wenn man Schimmel in Schlafräumen hat, raus aus dem Zimmer, woanders schlafen, bis der Schimmel richtig entfernt ist!

: Die Schimmelbekämpfung sollte stets schnell und gründlich erfolgen. Chemische Mittel helfen nicht mehr wie Essig-Essenz oder Salmiak – sie schaden nur eurer Gesundheit. Entfernt am besten die befallenen Oberflächen in weiterem Umkreis. Ist der Schimmel älter, solltet ihr unbedingt prüfen lassen, ob er bereits in tiefer gelegene Schichten abgewandert ist. Wenn das der Fall ist, müsst ihr möglicherweise den Putz großflächig entfernen. In der Regel gehen vom Schimmelpilz keine gesundheitlichen Gefahren aus. Einige selten vorkommende Arten können jedoch tödlich wirken.

: Schön, und welche?

: Vielleicht sollte man einfach der Ursache vom Schimmel auf den Grund gehen. Denn meistens ist nicht das falsche Lüften am Schimmel schuld, sondern schlechte Isolierungen. Wärmedämmverbundsystem in Überdicke, da kann die Wand, nicht mehr atmen, die Feuchtigkeit kondensiert in der Wand, und nach einem ½ Jahr winkt einem der Schimmel aus allen Ecken entgegen.

: Ich bearbeite die Dusche immer vorm Duschen mit Zitronenspüli. Hat drei Vorteile: Schimmel kann erst gar nicht entstehen, zweitens ist die Dusche schon geputzt, und drittens riechen die Füße so herrlich.

: Na wenigstens schimmeln deine Füße nicht.

Cheat – Schimmelvermeidung

Schimmel in der Wohnung kann durchaus gewünscht sein. Aber nur z. B. bei Rocquefort-Käse. An Wänden, Fliesen, Kacheln, Silikonfugen, Möbeln und sonstigen festen und beweglichen Teilen deiner Wohnung hat Schimmel jedoch nichts verloren. Denn Schimmel sieht nicht nur schlecht aus, er ist auch gesundheitsgefährdend.

Schimmel gedeiht besonders

– bei Feuchtigkeit mit geringer Luftbewegung, z. B. in Bädern, Duschen, Küchen etc.
– bei Wärme
– bei vorliegender Nahrung in Form organischer Ablagerungen, z. B. Rückstände von Seife, Shampoo, Duschgel, Badezusatz, Kochdunst etc.

Schimmel lässt sich meist durch Stoßlüften vermeiden, das heißt: je nach Feuchtigkeitsaufkommen (baden, duschen, Wäsche trocknen, kochen) alle 2 bis 4 Stunden die Fenster für 5 bis 10 Minuten ganz öffnen. Die Wohnung soll nicht langsam abgekühlt werden (gekipptes Fenster), sondern Luft soll komplett ausgetauscht werden (Stoßlüftung).

Wer ein Hygrometer besitzt, sollte darauf achten, dass die Luftfeuchte 50 Prozent nicht überschreitet. Die Außenwände sollten nicht voll gestellt oder gehängt werden, da sie immer genügend belüftet sein sollten. Bei schwerem Schimmelproblem sollte der Fachmann zu Rate gezogen werden. Das Umweltbundesamt hat eine Broschüre zu diesem Thema herausgegeben: www.umweltbundesamt.de.

Keine beschlagenen Spiegel mehr nach dem Duschen oder Baden ★★★☆☆

Reibe den Spiegel mit ganz normaler Seife trocken ein. Die Seifenschlieren polierst du dann mit einem trockenen Tuch, bis keine Streifen mehr sichtbar sind. Somit verteilst du die Seife auf dem ganzen Spiegel. Es kann nun noch so sehr im Bad dampfen, der Spiegel bleibt klar!

Was meint die Jury?

- Es gibt auch beheizte Spiegel.
- Die Methode eignet sich auch gut zum Brilleputzen.
- Beheizte Brille?

WASCHBÄR

Richte deine Schlafstätte!

Mittwoch, 22 Uhr

Morgen muss ich wieder arbeiten und möchte Angelina und ihren dämlichen Kolleginnen selbstsicher und gelassen gegenübertreten. Nur habe ich meine haushaltlichen Pflichten in den letzten Tagen doch stark vernachlässigt. Sauber liegt im Schrank nur noch mein Mickey-Mouse-Sweatshirt und eine grellrote Fahrradleggins. Zum Waschen muss ich Spüli nehmen, einkaufen war ich nämlich auch nicht.

22:45 Uhr

Alarm! Überall Schaum in meiner Wohnung! Waschmaschine hört nicht auf mit Blubbern!

Lieber Ingo!
Lade doch ein paar Freunde zu einer Schaumparty ein. Mitzubringen sind Badebekleidung und etwas zu trinken. Funktioniert natürlich nur, wenn es dir egal ist, dass du dir bald eine neue Wohnung suchen kannst.
Die weitaus unspaßigere, dafür wohnungserhaltende Methode: Pumpe das Wasser ab (ein Blick in die Bedienungsanleitung deiner Waschmaschine sagt dir, wie) und hole die Klamotten raus. Danach lässt du die Waschmaschine ohne Inhalt laufen – und zwar so lange und oft, bis kein Schaum mehr da ist. Die nassen Kleidungsstücke solltest du erst morgen waschen, wenn du Waschpulver gekauft hast. Also freunde dich mit Mickey Mouse an oder überzeuge deinen Arzt, dich noch drei Tage krankzuschreiben. Dann kannst du auch deine Wohnung

wieder etwas auf Vordermann bringen und die muffelige Bettwäsche waschen.

Bettgeflüster

»Das Bett, das früher eine in den Boden eingelassene Lagerstätte darstellte, ist im Gegensatz zum Streu-, Fell- oder Mattenlager eine erhöht angeordnete Liegestatt und gilt als das erste Möbel.« In vielen Junggesellenhaushalten bildet es zudem den Mittelpunkt des Wohnens und wird entsprechend frequentiert. Damit es nicht zum Freudenlager von Krümeln, Haus- und Staubmilben und Schlimmerem wird, ist eine regelmäßige Reinigung vonnöten, die sich nicht darin beschränkt, mit spitzen Fingern die Bettdecke zurechtzuzuppeln.

Cheat – Bettpflege

1. Täglich Betten lüften, ausschütteln und wieder sauber hinlegen und glatt streichen, da sich Milben und ähnliche kleine Tiere in warmen Ecken und Falten wohl fühlen.
2. Alle zwei Wochen Bettwäsche wechseln und waschen. Bei dieser Gelegenheit auch die Matratze gründlich absaugen, den Matratzenschoner (solltest du einen haben) ausschütteln und absaugen und den Lattenrost abstauben und abwischen.
3. Wenn du deine Bettwäsche wäschst, dann solltest du sie einmal abwechselnd von links und dann wieder von rechts waschen. So verhinderst du, dass sich in den Ecken Dreck oder Staubreste bilden. Bevor du deine Bettwäsche in die Waschmaschine stopfst, solltest du alle Kissen- und Deckenbezüge zuknöpfen. Ansonsten verirren sich gerne mal eine Socke oder andere Klamotten darin.

Daunendecken in der Maschine waschen ★★★★★

Trotz gegenläufiger Meinungen ist es kein Problem, Daunendecken und -kissen in der Waschmaschine zu waschen. Als Waschmittel solltest du allerdings ausschließlich Daunenwaschmittel – ersatzweise eventuell ein neutrales Haarshampoo, aber bloß kein Vollwaschmittel – verwenden und den Fein- oder Wollwaschgang wählen.
Nach dem Waschen das Kissen oder die Decke bei niedriger Temperatur in einen Trockner stecken. Danach ist alles wieder schön locker. Falls es trotzdem verklumpt, einfach mal einen Tennisball mit in den Trockner legen.

Was meint die Jury?

: Funktioniert super. Habe statt des Tennisballs einen Turnschuh genommen, der »tritt« auch die hartnäckigsten Klumpen heraus. Für irgendwas muss er ja gut sein.

: Wichtig ist, dass Waschmaschine und Trockner eine große Trommel besitzen. Wenn das nicht der Fall ist, kann man auch mal in einen Waschsalon gehen.

: Vorsicht! Mir ist mal ein Daunenkissen in der Waschmaschine regelrecht geplatzt. Die Daunen haben die Waschmaschine verstopft. Totalschaden. Am besten das Kissen vor dem Waschen in einen Wäschesack oder in einen Kissenbezug mit Reißverschluss stecken.

: Na super, habe gestern für einen Haufen Kohle die Daunendecken in die Reinigung gegeben! Hatte eigentlich schon überlegt, ob ich mir neue kaufe.

: Wer keinen Trockner hat, kann das Federkissen nach dem Waschen in der Waschmaschine antrocknen lassen, dann einfach eine Naht lösen, so dass die Düse eines Föns hindurchpasst, und losfönen. So wird alles nach dem Waschen wieder luftig und ohne Klumpen. Danach nur nicht vergessen, die Naht wieder zuzunähen! :)

: Ihr könnt die Decke auch auf einen Wäscheständer legen und ab und zu wenden. Bei schönem Wetter nix wie raus, dann habt ihr die Aprilfrische gratis.

Gardinen und Vorhänge

Am Ende unseres Waschkurses möchten wir noch ein für jüngere Menschen eher exotischeres Thema ansprechen: Es geht um Gardinen. Diese werden nämlich mit der Zeit immer unansehnlicher und – vor allem in Raucherwohnungen – gerne grau oder gelblich. Auch wenn Gardinenwaschen vielleicht nicht zu den aktuellen Problemen in deinem Haushalt gehört: Glaub uns, irgendwann willst du diese hässlichen grauen Dinger wieder schön weiß bekommen!

Das Problem bei ehemals weißen Gardinen ist, dass oftmals das Vollwaschmittel die vergilbten Gardinen auch nicht mehr richtig »aufweißen« kann. Deshalb hier ein paar Tricks:

Weiße Gardinen mit Gebissreiniger waschen ★★★★★

Zu den Gardinen und dem normalen Waschpulver einfach 5–6 Gebissreiniger mit in die Maschine geben und wie gewohnt waschen. Die Gardinen werden wieder richtig weiß, besonders gut für Raucherwohnungen.

Was meint die Jury?

: Große Klasse, vielen Dank für den Tipp!

: Wenn du in das Fach für den Hauptwaschgang ein halbes Glas Cola (kann ruhig abgestanden sein) schüttest, bekommst du auch angegilbte Gardinen wieder super sauber und hell. Die Phosphorsäure, die in Cola ist, reinigt sogar Urinstein und Rost.

: Wo um alles in der Welt hängen deine Gardinen?

: Um deine Gardinen wieder weiß zu bekommen, kannst du auch einfach eine Tüte Backpulver (je nach Verschmutzung auch mehr) dem Waschmittel hinzuschütten und mit 40° C waschen. Danach sollten die Gardinen in fast neuem weißen Glanz erstrahlen.

: Ab mit den Gardinen in die Badewanne oder ins Duschbecken, Wasser drauf und pro Gardine ca. eine Tintenpatrone öffnen und auf die Gardinen geben. Keine Panik, sie werden nicht blau. Das Wasser verdünnt die Tinte. 30 Minuten einweichen lassen. Danach die Gardinen wie gewohnt waschen. Du wirst sehen, so weiß waren sie noch nie. Der Effekt kommt von der stark verdünnten blauen Farbe. Ein (fast nicht sichtbarer) Blaustich lässt für das Auge eine weiße Fläche weißer erscheinen. Einfach genial!

Cheat – Gardinenreinigung

1. Gardinen abhängen.
2. Die Röllchen von den Gardinen mit einer Schnur zusammenbinden und/oder in eine alte Tennissocke stecken, damit sie sich nicht in dem Gardinenstoff verfangen.

3. Gardinen nicht über 40 Grad waschen und nichts anderes mitwaschen, Verfärbungsgefahr! Außerdem zerknittern zu heiß gewaschene Gardinen auch schneller.

4. Nur mit wenig Umdrehungen oder besser gar nicht schleudern.

5. Gardinen feucht oder sogar nass direkt wieder vor die Fenster hängen, dann zerknittern sie nicht.

6. Wenn du nicht willst, dass dein Fußboden nass wird, einfach ein paar Zeitungen unter den aufgehängten Gardinen auslegen.

BÜGELFALTER

Werde Weltmeister am Bügelbrett!

Sonntag, 17 Uhr

Auf meiner Stoffhose steht: »links bügeln« – bin aber Rechtshänder.

Mensch, Ingo,
Dir ist wohl kein Argument zu lau, um dich vorm Bügeln zu drücken. Deshalb hier noch mal unser gesammeltes Bügelwissen.

Cheat – Bügeltricks

1. Feucht bügeln, fast alles lässt sich feucht einfacher bügeln.
2. Zum Sprühen am besten warmes Wasser verwenden und evtl. etwas Essig ins Wasser.
3. Etikett des zu bügelnden Stückes ansehen, zu hohe Temperaturen schaden vielen Stoffen.
4. Bedruckte Sachen vorsichtshalber immer links bügeln.
5. Seide und Leinen ebenfalls immer links bügeln, Leinen beginnt sonst zu glänzen.
6. Empfindliche Stoffe immer mit einem sauberen, leicht feuchten Tuch bügeln.

Bügeleisenpflege

Auch dein altes Bügeleisen, das du vielleicht irgend wann mal von Mutti geschenkt bekommen hast, weil sie sich ein neues gekauft hat, muss mal gereinigt werden. Wenn du ein Dampfbügeleisen hast, dann kann es vorkommen, dass das Bügeleisen verkalkt. In diesem Fall solltest du, falls möglich, einen Blick in die Bedienungsanleitung werfen. Wenn dort »manuelle Entkalkung« erlaubt ist, dann nimmst du dir eine gebräuchliche Säure (Essig oder Zitronensaft), mischst sie mit Wasser im Verhältnis 1:1 bis 1:2 und füllst das Gemisch in dein Bügeleisen. Nun gibt es zwei Möglichkeiten: Entweder du lässt das Bügeleisen ein paar Stunden stehen oder du dampfst es ordentlich durch. Danach mit klarem Wasser nachdampfen, damit keine Rückstände zurückbleiben.

Verklebtes Bügeleisen reinigen ★★★★★

Ist das Bügeleisen verklebt, wickelst du einfach einen Kerzenstummel in ein Tuch. Damit einige Male über das heiße Bügeleisen streichen. Es ist danach so sauber wie kaum zuvor.

Was meint die Jury?

: Wir hatten Plastik am Bügeleisen, ging ganz wunderbar mit der Kerze.

: Diesen Tipp hätte ich früher gebraucht. Jetzt hab ich das tolle Bügeleisenreinigungsset von ... ausprobiert und mir meine Bügelfläche toll zerkratzt. Lasst die Finger von solchen Dingen!

: Bin begeistert, der Trick mit der Kerze war phantastisch! Ich dachte wirklich, dass ich mein Bügeleisen wegwerfen muss. Ich hatte versehentlich ein Faschingskostüm zu heiß gebügelt und alle Kunststoffpartikel waren eingebrannt.

PARTY

Welcher Partytyp bist du?

Um 23 Uhr klingelt es an deiner Tür. Du willst eigentlich gerade ins Bett. Müde und in Boxershorts öffnest du. Zwei Freunde und drei Flaschen Wein ziehen an dir vorbei. Was machst du?

Du simulierst einen Hustenanfall und sagst, du hättest die Spanische Grippe.	1 Punkt
»Supi, ich hol noch die Mädels aus der WG im ersten Stock.«	3 Punkte
Zusammen mit einer großen Schale Popcorn schaut ihr euch eine DVD an.	2 Punkte

Du bist auf eine 70er-Jahre-Party eingeladen. Was ziehst du an?

Die Afro-Perücke und die super enge Schlaghose von deinem Vater liegen immer griffbereit im Schrank	3 Punkte
Du leihst dir von deinem Nachbarn seine hässliche Krawatte.	2 Punkte
»Ich hasse Mottopartys.«	1 Punkt

Um was soll sich der Partytalk drehen?

Um die neusten Bücher von Nick Hornby und Benjamin von Stuckrad-Barre	1 Punkt
Um die neuste Frisur von David Beckham	2 Punkte
Um die neueste CD von – ich versteh nichts es ist einfach viel zu laut …	3 Punkte

Der absolute Stimmungskiller ist …

Uneingeladene Gäste, die plötzlich auftauchen
und besoffen zu Dieter Thomas Kuhn abtanzen 1 Punkt
Ein Stromausfall 3 Punkte
Nervende Nachbarn 2 Punkte

Die absoluten Highlights auf einer Party sind …

Uneingeladene Gäste, die plötzlich auftauchen
und besoffen zu Dieter Thomas Kuhn abtanzen 3 Punkte
Ein Stromausfall 1 Punkt
Nervende Nachbarn 2 Punkte

Woran erkennst du, dass deine Einladung ein Erfolg war?

Du hast sehr interessante Gespräche geführt,
deren Inhalt dich noch lange beschäftigt. 1 Punkt
Du wachst am Spätnachmittag auf, schlängelst
dich zwischen noch schlafenden Partygästen
(von denen du die meisten irgendwie nicht kennst)
hindurch in die Küche, wo sich der angesagteste
DJ der Stadt gerade seinen ersten Kaffee reinzieht. 3 Punkte
Fiona und Lukas laden dich zur Hochzeit ein.
Sie haben sich auf deiner Fete kennen gelernt. 2 Punkte

6–8 Punkte

Bei dir zählt Qualität statt Quantität. Laute Partys und banaler Small Talk sind dir ein Graus. Nur leiser Jazz darf die Gespräche deiner mit Sorgfalt ausgewählten Gäste untermalen.

9–12 Punkte

Du liebst es gemütlich und überschaubar. Nette Leute, gute Stimmung, nur kein Partystress. Und wenn ihr keinen Bock zum Reden habt, knallt ihr euch zum Ablästern und Abfuttern vor die Glotze.

13–18 Punkte
Party, Party! Du lässt kein Event aus. Groß, hungrig und verrückt muss deine Party sein und vor allem die, von der die Szene in einem Jahr noch spricht.

Partybasics

Es gibt viele Möglichkeiten, sich den Abend zu versauen, deshalb sei wählerisch. Wenn du nun mal kein Partyluder bist, das ohne Schaumparty oder Miss-Wet-T-Shirt-Contest das Wochenende überlebt, und lieber einen gemütlichen Kneipenabend verlebst, dann steh dazu. Laut Internet-Umfrage des Münchner Hochschulmagazins *Mayers* tun das übrigens 44 Prozent der Studenten. Also don't worry – ist gar nicht so peinlich.

Wenn du dich aber auf das Abenteuer einlassen und selbst eine Party geben möchtest, haben wir dir hier ein paar Dinge zusammengestellt, die dir bei der Ausführung helfen können.

Die Gäste

Spontane Partys sind manchmal die besten. Du hast eine Prüfung unerwartet gut bestanden, das Wetter und die Laune sind so gut, und du schickst deinen engsten Freunden und ein paar Leuten, die dir gerade einfallen, eine SMS (»Heute feiern wir bei mir – alle sind da, nur du fehlst noch!«). Zwei Stunden später drängeln sich doppelt so viele in deiner Wohnung zwischen mitgebrachtem Kartoffelsalat und gestapelten Bierkästen. Die Stimmung ist ausgelassen, die Bude qualmt. Das ist das ideale Szenario, allerdings kann es bei denselben Voraussetzungen auch ganz anders ablaufen, und du sitzt mit ein paar Hanseln (die anderen hatten alle etwas anderes vor) nur dumm rum.

Wenn du also den Ablauf des Abends besser im Griff haben

möchtest, gehört zu einer Party etwas Zeit für die Planung. Zuerst solltest du dir überlegen, ob das, was dir an Party vorschwebt, mit deinem Potential (deinen Gästen, deiner Wohnung, deinem Geldbeutel) zu leisten ist. Eine weitere Frage ist: Wen lade ich ein? In erster Linie solltest du Leute einladen, die du auf deiner Party gerne haben willst – so einfach ist das. Darüber hinaus solltest du darauf achten, dass die »Mischung« stimmt. Welche Bedürfnisse, Vorlieben und Geschmäcker haben die Gäste? Kennen sich die Gäste bereits? Wenn nicht, was kann ich tun, damit sie sich besser kennen lernen können. All diese Fragen müssen vorher bedacht werden. Das ist bei jeder Party unterschiedlich. Es sollten zum Beispiel keine Gäste gleichzeitig eingeladen werden, die sich nicht ausstehen können. Weiterhin ist es problematisch, wenn sich die meisten kennen und nur ein paar wenige »Fremde« dabei sind – die finden dann nur schwer Anschluss und sollten besonders vom Gastgeber umsorgt werden.

Bei Partys, bei denen sich die Gäste gewissermaßen vorbereiten müssen (Geburtstag, Mottoparty), macht es Sinn, mindestens eine Woche vorher Bescheid zu geben, dann haben die Gäste noch genug Zeit, um Geschenke einzukaufen oder sonstige Vorkehrungen zu treffen. So kannst du auch den einen oder anderen Gast schon mal fragen, ob er zum Beispiel einen Salat machen kann.

Ist keine Vorbereitung seitens der Gäste notwendig, reicht es auch, zwei Tage vorher einzuladen (mündlich, telefonisch, per SMS, per E-Mail).

Die Location

Es gibt Partys, da hat der Gastgeber seine Wohnung in eine Partylounge verwandelt, und die Gäste drängeln sich in der viel zu engen Küche zwischen leeren Flaschen und Nudelsalatresten. Wenn die Stimmung stimmt, seis drum. Es gibt keinen Königsweg zum gelungenen Fest. Du kannst allein eine animierende Umgebung

schaffen, die eine ausgelassene Stimmung begünstigen kann. Ein mit Möbeln und Stapeln von Büchern voll gestopftes Zimmer, beleuchtet allein von der Halogen-Schreibtischlampe und dem knallig bunten Bildschirmschoner, stellt schon hohe Ansprüche an das Spaß- und Fantasiepotential deiner Gäste, soll aus dem Abend eine Tanzorgie werden. Also Aufräumen, Platz schaffen, unsexy Gegenstände – wie die augenblickliche Seminararbeit, dein Wäscheständer etc. – verbannen und mit Kerzen, indirekter Beleuchtung und Dekogegenständen Atmosphäre schaffen.

Sitzen?

Lädst du zum Raclette ein, braucht natürlich jeder einen Stuhl. Bei einer Tanzfete kann das gemütliche Sofa zum Auffangbecken für bewegungs- und redefaule Gäste werden, die den ganzen Abend mit dem Bier zwischen den Beinen auf die anderen Gäste extrem stimmungslähmend wirken. Hier sind Stehtische eine gute Empfehlung, die sich mit leeren Getränkekisten auf Tischen auch selbst bauen lassen. Tuch oder Tischdecke drauf, kleine Kerze dazustellen – so halten sie ein Sektglas aus, dienen aber nicht dazu, sich draufzusetzen oder anzulehnen. Die Meute bleibt in Bewegung, und das gibt der ganzen Party Schwung.

Für den entspannten Fernseh- oder Videoabend hingegen sind das gemütliche Sofa oder ausreichende bequeme Sitz- und Liegemöglichkeiten natürlich ein Muss.

Kerzen brennen länger ★★★★☆

Du planst ein romantisches Candle-Light-Dinner oder eine nur kerzenbeschienene schummrige 70er-Jahre-Party und hast keinen Bock, dauernd die Beleuchtung zu reaktivieren, dann solltest du die Kerzen vor ihrem Auftritt ins Gefrierfach legen. Warum? Ganz einfach: Kerzen brennen länger, wenn du sie vorher einfrierst. Teelichter erreichen fast die doppelte Brenndauer. Stabkerzen halten fast dreimal so lang wie üblich.

Was meint die Jury?

: Klappt super und jetzt hab ich endlich auch Licht in der Tiefkühltruhe. :)

: Es geht auch noch anders: Bei brennender Kerze eine Miniprise Salzkörnchen ins flüssige Wachs rieseln lassen ... Trick ist uralt.

: Hab ich ausprobiert. Nach zwei Monaten vergessen und die Kerzen mit Spargel verwechselt ... lecker!

: Mit Teelichtern klappt es tatsächlich, Brenndauer plus 3 Stunden. Bei den Stabkerzen (–18° C, ca. ein Monat) hat mich anfangs das leise Knistern nicht groß gestört – schließlich müssen sie ja erst die Raumtemperatur annehmen –, aber die herabfallenden Wachsstücke (Frostbruch!) haben dann doch die romantische Stimmung etwas eingeschränkt.

Der Sound

Nichts ist wichtiger für eine Party, auf der richtig abgetanzt werden soll, als der optimale Sound. Grundvoraussetzung dafür ist erst mal die richtige funktionierende Technik, die du unbedingt! am Abend zuvor schon mal austestest. Ob Chartshow, Rock, Crossover, Punk, Oldies, Back To The 70s, Hardrock, Reggae, Grunge, Hip Hop, NDW (Neue Deutsche Welle), House, Techno, Dancefloor – die Musik muss gut abgestimmt sein. Am besten engagierst du einen DJ, der direkt auf die Vibrations von der Tanzfläche reagieren kann. Aber Vorsicht: Frage niemanden, der sich hinter dem Plattenteller selbst verwirklichen will und allen anderen beweisen, welch ausgefallenen Musikgeschmack er hat. Nervig kann es auch werden, wenn mehrere Gäste die Musikauswahl übernehmen und den ganzen Abend durch die Musikgeschichte zappen.

Für eine durchtanzte Nacht brauchst du nicht gleich das gesamte Semester einladen, schon zehn Paar Füße können dein Parkett in Schwingung bringen. Der Funke muss überspringen. Das passiert oder auch nicht, hüte dich dringend davor, als Gastgeber deine Gäste ständig zum Tanzen zu animieren. Das tötet jede Stimmung, und du machst dich zum Affen.

Wie erstelle ich eine Playlist?

Vorbereitung: Wenn nicht schon geschehen, wandle die Audiodaten (z. B. CD) mit einem Rip-Program (z. B. CDEX, = Freeware) in komprimierte Audiodaten (mp3-Format) um (Urheberrechte beachten!). Hast du keinen Computer, frag einen Freund.

Je nach der Technik, die auf der Party zum Abspielen zur Verfügung steht:

1. mp3-Player (iPod o. Ä.): Lade die Titel im mp3-Format auf den mp3-Player, viele Geräte unterstützen keine Wiedergabelisten, deshalb Reihenfolge beachten.

2. CD- bzw. DVD-Player, mp3-tauglich: Brenne die Titel auf eine CD/DVD, auch hier ist meist keine Wiedergabeliste möglich, deshalb entweder die Dateien vorher sortieren oder die Shuffle-Funktion des Players benutzen. Auf eine CD passen (je nach Qualität) ca. 7–8 Stunden Musik. Auf eine normale DVD (4,7 GB) ungefähr das Siebenfache.

3. Computer: Erstelle eine Playlist (mit Windows Media Player, Winamp). Hier richtet sich die Länge natürlich nach dem vorhandenen »Musikvorrat«. In der Regel ist das die komfortabelste Lösung, da mit Hilfe der Wiedergabeliste ein schnelles Wechseln zwischen Liedern möglich ist und

schnell auf unterschiedliche Stimmungen/Wünsche reagiert werden kann. Allerdings solltest du dafür sorgen, dass nicht ständig die Gäste am PC rumfummeln.

Tarzan sucht Jane*

Spiele können die lahmste Party auf Trab bringen und neue Lieben sich finden lassen. Wenn sie aber nicht gut durchdacht und auf die Stimmung und Publikum abgestimmt werden, können sie zur größten Peinlichkeit mutieren. Spiele haben grundsätzlich immer etwas Peinliches, weil man Menschen aus der Deckung zwingt und ihnen Dinge zumutet, die sie vielleicht zuletzt vor Verlust ihrer Milchzähne gemacht haben. Um diese Peinlichkeit zu nehmen, muss der Spielleiter, der Gastgeber – also *du* – überzeugt davon sein, dass dieses Spiel jetzt der absolute Bringer ist. Einmal angefangen, musst du es durchziehen und alle dazu motivieren mitzumachen. Nichts ist schlimmer, als wenn sich ein paar Gäste vor den Augen der anderen und einem verunsicherten Gastgeber zum Deppen machen lassen. Also bevor du die Spielankündigung in die Runde schreist, checke die Stimmung der Gäste, wenn du irgendwelche Zweifel hast oder dich nicht sicher fühlst: Lass es!

* Bei Tarzan sucht Jane bekommt jeder Gast einen Zettel mit dem Namen einer bekannten Persönlichkeit auf den Rücken geklebt. Die Aufgabe ist es nun, seinen Partner zu finden (Tarzan sucht Jane, Dick sucht Doof etc.). Erschwert wird das Ganze, da niemand weiß, wer er selbst ist, und nur durch Fragen, die er den anderen Gästen stellt, seine eigene Identität herausfinden kann. Die Befragten dürfen nur mit Ja oder Nein antworten. Ist der Partner gefunden, kann gemütlich angestoßen werden, bevor dann der Tanz eröffnet wird.

Mehr Spiele z. B. unter www.feiern.net oder www.spielekiste.de

Motto

Egal für welches Motto du dich entscheidest, es muss klar transportiert und auch durchgehalten werden bei der ganzen Partyplanung. Kündigst du im Winter eine Beachparty an, dann sieh zu, dass du deine Bude schon um 20 Uhr auf 28 Grad bringst und auch sonst für südländische Atmosphäre sorgst. Überlege dir auch gut, wen du einlädst, und drohe unsicheren Kandidaten, die sich jedem Motto verweigern, mit der Ausladung. Als Gast ist es wenig ruhmreich, als einziger Gladiator unter lauter Jeansträgern den Abend zu fristen.

Wenn du das beachtest, die nötige Zeit und Fantasie investierst, können solche Partys der absolute Hit werden. Verkleidungen locken die Menschen hinter ihrer Fassade hervor und sorgen für Gesprächsstoff. Wer möchte sich nicht mal in langen blonden Haaren ausprobieren oder unerkannt schwitzend hinter einer Gorillamaske verstecken.

Futter

Wer sich bei einer Party aufs Essen freut, ist jenseits der Verfallsgrenze. Klar, wir wohlstandsverwöhnten Babyboomerkinder müssen uns nicht bei Freunden und Verwandten satt essen, und es kommt auch nicht gut an, wenn du deiner Angebeteten bei der Begrüßung mit dem Hähnchenschenkel zuwinkst. Doch irgendwie enttäuschend ist es schon: Man kommt schön spät auf die Party und bräuchte, um richtig einzusteigen, umgehend Energiezufuhr, doch das Buffet ist total abgefressen. Also auch hier wie bei der Deko, ein nettes Essensangebot kann den Gesamteindruck deiner Fete noch toppen. Für größere Feierlichkeiten eignet sich hier ein Buffet. Du kannst die Türen in deiner Wohnung aushängen und als Buffettisch verwenden. Dadurch wird auch deine ganze Wohnung etwas geräumiger und offener.

Auch ein Tapeziertisch eignet sich für diesen Zweck. Dieser muss nicht in seiner nackten Schönheit erstrahlen, sondern kann entsprechend (dem Motto) dekoriert sein. Kalte und warme Speisen, daneben etwas Geschirr und vielleicht zu später Stunde noch eine heiße Suppe, diese Partyzutaten aus Mutters Zeiten kommen auch heute noch gut an. Einige taugliche Rezepte findest du hier im Buch, weitere lernst du kennen, wenn du deine Gäste bittest, etwas mitzubringen. Doch Vorsicht: Willst du nicht zehn Nudelsalate oder zwanzig Tiramisu im Angebot haben, sprich die Mitbringsel zuvor mit deinen Gästen ab.

Cheat – Partybuffet

So könnte dein Partybuffet aussehen: (alle Rezepte in deinem Lieblingsbuch [also hier] zu finden)

Krabben-Cocktail	Seite 97
Tomatensalat	Seite 102
Paprika-Mais-Salat	Seite 101
Spargeltorte	Seite 92
Lammspieße mit Dip	Seite 231
Panierte Schnitzel	Seite 131
Frikadellen	Seite 111
dazu Baguette oder Kräuterbaguette frisch aus dem Backofen	
Mousse au Chocolat	Seite 115
Sahneqark	Seite 114
Mitternachtskuchen	Seite 220

Mitternachtskuchen ★★★★☆

Setze deinen Gästen um Mitternacht noch einen Marmor- oder Schokokuchen vor. Der kann ohne Probleme aus einer Backmischung sein. Das ist den meisten Gästen dank kontinuierlichem Alkoholgenuss sowieso egal und kommt allemal besser an als irgendwelche Chips oder Salzstangen.

Was meint die Jury?

: Hab ich letztens gemacht. Der Kuchen war nix wie weg!

: Netter Mitternachtssnack – nur ich würde wohl einen eigenen Kuchen backen.

Flüssiges

Stell dir vor, in deiner Bude tanzt der Bär, und das Bier ist aus. Um solchem Mega-GAU vorzubeugen, ist Planung gefragt. Wer trinkt was und wie viel? Doch bei aller Alkoholwonne die alkoholfreien Getränke, den Kaffee und die Milch nicht vergessen.

Melodka ★★★★★

Wenn du eine Party veranstalten willst, egal ob es kalt oder warm draußen bzw. drinnen ist, dieses Rezept erfrischt oder wärmt dich und deine Gäste gleichzeitig auf. Du brauchst:

1 Wassermelone (Größe ist egal)
1 Flasche Wodka
1 Trichter

Einige Tage vor der Party (je eher, desto besser) stopfst du den Trichter in die Wassermelone. Anschließend Tag für Tag etwas Wodka hineinfüllen. Die Wassermelone muss dabei ständig gekühlt werden. Am Tag der Party hast du deine Melodka. Durch den Trichter nimmt die Wassermelone den Wodka auf und speichert ihn im Fruchtfleisch, das dann häppchenweise genossen werden kann.

Was meint die Jury?

: Habe ich in Polen vor paar Jahren kennen gelernt. Ist echt superlecker.

: Kenn ich aus Griechenland: Einfach ein flaschenhalsgroßes Loch oben in die Melone machen (oben ist da, wo der Himmel ist, wenn die Melone »von selbst« steht) und die geöffnete Wodkaflasche in die Melone schrauben (bzw. besser die Melone auf die Flasche schrauben und dann umdrehen). Einen Tag warten, kühlen, fertig.

: Die Anleitung ist in Ordnung, aber man hat das Problem, dass der Wodka sich überwiegend nur in der Mitte der Melone konzentriert. Deswegen mein Tipp: Man nehme eine dünne Stricknadel und steche vorsichtig vom Loch des Trichters kleine Gänge in verschiedene Richtungen. So verteilt sich der Wodka besser.

: Hier noch ein kleiner Tipp, wie man die ganze Prozedur etwas beschleunigen kann. Man nehme eine möglichst große Spritze mit langer Hohlnadel (bekommt man in jeder Apotheke). Damit dann einfach den Wodka in die Melone spritzen (quasi als »Wodka-Injektion«). Hat den Vorteil, dass es nur ein paar Minuten dauert und man nicht den ganzen Kühlschrank mit der geilen Frucht blo-ckiert. Profis kühlen den Wodka vorher noch ab, dann verteilt er sich besser.

Cocktails sind auf jeder Party, die etwas auf sich hält, unabdingbar. Hier ein paar Mischungen:

Long Island Ice Tea (Originalrezept)
2 cl Cointreau
2 cl Gin
2 cl Rum
2 cl Tequila
2 cl Wodka
2 cl Zitronensaft
Coca-Cola

Alle Zutaten bis auf die Cola mit einigen Eiswürfeln in den Shaker geben und kräftig schütteln. Ein großes Longdrinkglas etwa zur Hälfte mit gestoßenem Eis füllen, die Mischung aus dem Shaker dazugeben und je nach Geschmack mit der Cola auffüllen.

Dieser Drink wird auch sehr gerne abgewandelt. Hier ein paar Variationsvorschläge:

Long Island Ice Tea 1

starker, süßer, fruchtiger Drink, der aber sicher kein typischer Long Island Ice Tea ist

4 cl Wodka
4 cl weißer Rum
4 cl Triple Sec
2 cl Gin
1,5 cl Midori
1 cl Zuckersirup
1 cl Zitronensaft
Zubereitung: im Longdrinkglas mit Eiswürfeln
und Cola auffüllen

Long Island Ice Tea 2

starker, etwas saurer und erfrischender Long Island Ice Tea. Erinnert tatsächlich etwas an Eistee (mit Tequila).

2 cl weißer Rum
2 cl weißer Tequila
2 cl Cointreau
2 cl Gin
2 cl Wodka
4 cl Zitronensaft

Zubereitung: shaken
Glas: Longdrinkglas
mit 8 cl Cola auffüllen

Long Island Ice Tea 3

süß-aromatischer, fruchtiger Long Island Ice Tea

1,5 cl Wodka
1,5 cl Triple Sec
1,5 cl weißer Rum
1,5 cl Gin
1,5 cl Tequila
1 cl Zitronensaft
1 cl Limettensaft
1 cl Zuckersirup
1 cl Orangensaft

Garnitur: Zitronenscheibe
Zubereitung: shaken
Glas: Longdrinkglas
mit 1 Schuss Cola auffüllen

Long Island Ice Tea 4

fruchtig-süßer, harmonischer Long Island Ice Tea, der trotz des hohen Alkoholgehalts relativ leicht erscheint.

1,5 cl Gin
1,5 cl Wodka
1,5 cl Tequila
1,5 cl Triple Sec
1,5 cl weißer Rum
1,5 cl Limettensaft
1,5 cl Zitronensaft
1,5 cl Zuckersirup

Garnitur: Zitronenschale
Zubereitung: shaken
Glas: Longdrinkglas
Mit 1 Schuss Cola auffüllen

Sex on the beach

Ein Cocktail für das Karibikfeeling auf dem heimischen Balkon.

ca. 3 cl Pfirsichlikör
ca. 3 cl Wodka
ca. 6 cl Ananassaft
ca. 3 cl Kirschsaft
ca. 3 cl Orangensaft

Alternativ kann man auch Maracujasaft statt Ananassaft nehmen. Außerdem verfeinern manche Barkeeper den Drink mit einem Schuss weißem Rum.

Alles (am besten gut gekühlt) in einen Shaker kippen, ein paar Eiswürfel dazu, das Ganze kräftig schütteln und in ein Longdrinkglas gießen. Wenn man das Ergebnis dann noch mit der obligatorischen Orangenscheibe und einem dicken Strohhalm versieht, hilft das schon mal über das allsommerliche Fernweh hinweg.

Weltpremiere! Dirk Dussler, der – unserer Meinung nach – die besten Cocktails Ulms mixt, hat exklusiv für dieses Buch diese beiden Cocktails kreiert. Mixen und genießen … Wenn du mal in Ulm vorbeischauen solltest, kannst du den Meister in Aktion erleben – in seiner Cocktailbar »Manhattan« (Infos und Wegbeschreibung unter www.cocktails-ulm.de)

»The Gentleman«
(fruchtig, herb)
2 cl Wodka
2 cl Red Orange (Bols) (Blutorangen-Likör)
2 cl Cointreau
1 cl Zitrone
6 cl Orangensaft
6 cl Maracujasaft

Alle Zutaten in dieser Reihenfolge zusammen mit Eis in den Shaker geben und schütteln.

»The Lady«
(cremig, süß)
3 cl Baileys
2 cl Havanna Club (3 Jahre) (oder ein anderer brauner Rum)
2 cl Malibu
2 cl Sahne
6 cl Bananensaft
6 cl Ananassaft

Alle Zutaten in dieser Reihenfolge zusammen mit Eis in den Shaker geben und schütteln.

Partyquette

Einige Dinge sollten tabu auf deiner Party sein:

- ein betrunkener oder gar eingeschlafener Gastgeber
- ein notorischer Auf- und Wegräumer oder Fensteraufreißer
- irgendwelche dummen Anweisungen, wie »Schuhe aus«. »Rauchfreie Fete« vorher ankündigen
- zu laute Musik
- zu leise Musik
- Schlägereien oder handfeste Streits (hier musst du als Gastgeber schnell reagieren)

Party-Checkliste

Motto/Grund der Feier ____________________

Personenanzahl ____________________

Einladungen ____________________

____

Räumlichkeiten:

Toilette (geputzt, aufgeräumt,
frische Handtücher, genügend Klopapier) ____________

Deko/Licht ____________________

Sitzmöglichkeiten ____________________

Essmöglichkeiten ______________________________

Buffettisch ______________________________

Abstellmöglichkeiten ______________________________

Tanzfläche ______________________________

Plätze zum Stehen, Smalltalken ______________________________

Getränke:

Nichtalkoholische Getränke ______________________________

Alkoholische Getränke ______________________________

Empfangscocktail ______________________________

Bar ______________________________

Eiswürfel ______________________________

alles gekühlt? ______________________________

warme Getränke ______________________________

Gläser, Tassen ______________________________

genügend von allem? ______________________________

Essen:

warmes Essen ______________________________

kaltes Essen ______________________________

Süßes und Pikantes ______________________________

Mitternachtsessen ______________________________

für jeden was dabei? ______________________________

Teller, Besteck, Servietten ______________________

genügend? ______________________

Stimmung:

Musik ______________________

Technik ______________________

Musikauswahl ______________________

Spiele ______________________

Übernachtungsmöglichkeiten? ______________________

Kissen ______________________

Decken ______________________

Sonstiges:

Aschenbecher ______________________

Kerzen ______________________

Aspirin ______________________

Reinigungsmittel für den Notfall ______________________

Taxinummer ______________________

Freiluftfeiern

Als Alternative zur alkohol- und nikotingetränkten Luft bietet sich die Fete im Freien an. Eine lauschige Sommernacht unter Lampions und Sternenzelt oder ein glühweingeschwängertes Silvester irgendwo im Schnee. Grillen verleiht diesen Festen dazu etwas Archaisches, was besonders Männern gefällt. Und echte Männer grillen bekanntlich über offenem Feuer, am liebsten auf Kohle. Gas-Griller werden von Kohle-Grillern schon als Weicheier angesehen. Für Elektro-Griller haben beide jedoch nur ein mitleidiges Lächeln übrig. Bei den Gerätschaften besteht große Auswahl: Vom billigen Einmalgrill bis zum massiven Standgerät für die große Gartenparty bietet der Handel eine breite Palette an.

Hier einige Grillbasics, die überall und für jede Außentemperatur gelten:

Cheat – Gut grillen

Grillgut ist wesentlich schneller gar als gekochtes oder gebratenes Fleisch, denn der Grill macht mächtig Dampf: 180° C bis 300° C Oberflächentemperatur sind kein Pappenstiel. Das garantiert leckere Steaks: außen knusprig und innen saftig. Der Fett- und Wasseranteil reduziert sich beim Grillen erheblich. Das kann bei Wurst und Fleisch zu einem Gewichtsverlust um bis zu 30 Prozent führen. Zudem wird zur Zubereitung kein Fett benötigt. Also eine gesunde Sache!

Allerdings gibt es Einschränkungen. Nitrosamine und Benzpyren sind krebserregenden Substanzen, die entstehen, wenn Fett oder Wasser auf die Glut tropft. Der entstehende Rauch setzt sich am Grillgut ab und zieht sogar bis zum Nachbarn rüber Vor allem die beliebte Kruste am Fleisch enthält pro Kilo 5,8 bis

8 Mikrogramm davon. Das ist so viel wie im Rauch von 600 Zigaretten. Wer auf das rustikale Grill-Feeling verzichten kann, dafür aber gesund grillen will, benutzt Alufolie oder Aluminium-Schalen.

Außerdem solltest du beim Grillen beachten:

- Kein Pökelfleisch. Das Nitrit im Pökelsalz verbindet sich unter Hitze mit dem Eiweiß aus dem Fleisch zu Nitrosaminen (krebserregend).
- Kalbfleisch und Wild haben auf dem Grill nichts zu suchen, es trocknet aus und schmeckt nicht mehr.
- Schweinefleisch und Geflügel gut durchgaren, damit eventuelle Krankheitserreger abgetötet werden.
- Butter, Margarine, Sonnenblumen-, Weizenkeim- und Maiskeimöl solltest du nicht verwenden, da das bei hohen Temperaturen gesundheitsschädlich sein kann (Butter und Margarine zersetzen sich schnell und die in den Ölen enthaltenen an sich gesunden ungesättigten Fettsäuren oxidieren unter Hitzeeinfluss zu gesättigten Verbindungen, die nicht mehr so gesund sind). Lieber Erdnuss-, Olivenöl oder industriell hergestellte Mischöle verwenden (die halten den Temperaturen stand). Die anderen Öle lieber beim Salatdressing nutzen.
- Auch mal Gemüse grillen!
- Spiritus, Terpentin, Benzin und andere explosive Flüssigkeiten haben nichts am Grill verloren – Explosionsgefahr. Lieber mit dem Blasebalg das Durchbrennen der Holzkohle beschleunigen. (Die Aktion »Das sichere Haus« hat allein in München 4000 Unfälle beim Grillen registriert.)

Lammspieße mit Avocado-Dip

Zutaten für 12 Spieße:

1 kg Gulaschfleisch vom Lamm
3 Äpfel
100 g Bacon
12 Schalotten
24 Salbeiblätter
Für den Dip:
1 unbehandelte Zitrone
2 reife Avocados
2 Knoblauchzehen
Salz, Pfeffer
eine Prise Zucker
100 g Crème fraîche
1 Bund glatte Petersilie
300 g Tomaten

Das Fleisch schneidest du in dünne Scheiben. Dann halbierst du die Äpfel, entfernst das Kerngehäuse und achtelst die Äpfel und umwickelst sie mit Speck. Dann schälst und halbierst du die Schalotten. Nun stopfst du abwechselnd Fleisch, Äpfel, Salbeiblätter und Schalotten auf Spieße.

Danach reibst du die Zitronenschalen ab und presst den Saft aus. Avocados halbieren, schälen und die Steine entfernen. Das Fruchtfleisch mit Zitronensaft und -schale, durchgepresstem Knoblauch, Salz, Zucker und Crème fraîche pürieren. Dann hackst du die Petersilie, entkernst die Tomaten und würfelst sie. Beides vermischst du gut mit dem Avocadopüree und schmeckst es ab.

Die Spieße grillst du dann auf dem heißen Grill rundherum ca. 12 bis 13 Minuten. Salzen, pfeffern und mit dem Dip servieren.

Grillmarinade mal selbst gemacht

Wenn du Zeit hast, dann mariniere dir deine Schnitzel und Steaks doch mal selbst. Im Supermarkt oder beim Metzger besorgst du dir ausnahmsweise mal kein mariniertes Fleisch, sondern nur »natur«. Für diese Marinade brauchst du folgende Zutaten:

8 EL Olivenöl
4 EL herben Weißwein (wenns sein muss auch Rotwein)
3 EL Zitronensaft
½ TL schwarzen Pfeffer
1 TL Salz
1 Lorbeerblatt

Fleisch und Fisch marinieren ★★★★★

Fleisch oder Fisch lässt sich einfach und gleichmäßig marinieren, wenn man es zusammen mit der Marinade in eine ausreichend große Plastiktüte gibt. Danach sollte möglichst die ganze Luft aus der Tüte gezogen werden. Ich mache das immer mit einem dicken Strohhalm. Danach knote ich das Ganze zu, schüttele es kräftig und lasse es einige Zeit im Kühlschrank liegen. So ist das Fleisch immer rundum mit Marinade bedeckt und man muss es nicht ständig umdrehen.

Was *meint die Jury?*

: · Ich mache das immer mit verschließbaren Gefrierbeuteln. Aber das mit dem Strohhalm finde ich eine gute Idee.

Steak- und Grillsoße

Schon mal daran gedacht, eine Grillsoße selbst herzustellen? Ist gar nicht so schwer. Du brauchst:

2 Becher saure Sahne
4 Knoblauchzehen

4 EL Dill fein gehackt (ersatzweise getrockneter)
Salz, Pfeffer

Einfach den Knoblauch fein hacken, mit saurer Sahne und dem Dill mischen und mit Salz und Pfeffer abschmecken. Ein paar Stunden ziehen lassen. Fertig.

Alle Zutaten in einem Gefrierbeutel vermischen und dein Fleisch darin einige Stunden einlegen.

Gegrillter Feta

Auch vegetarische Grillgerichte sind immer wieder ein Hochgenuss. Gegrillter Feta gehört dabei zu den absoluten Klassikern. Pro Person benötigst du:

½ Feta-Käse (gibts abgepackt in jedem Supermarkt)
2 Tomaten
1 Zwiebelscheibe
Pfeffer
etwas Thymian in Olivenöl angerührt
Alufolie

Du legst den Feta-Käse in die Mitte eines quadratischen Stücks Alufolie. Den Käse bestückst du mit Tomaten- und Zwiebelscheiben. Salzen und pfeffern und einen Esslöffel von dem Olivenöl mit Thymian darübergeben. Jetzt verschließt du das Paket nach oben hin mit der Folie. Es sollte gut verpackt sein. Falls ein Riss in der Folie ist, lieber mit noch einer Schicht Alufolie umwickeln. Ansonsten läuft dir das Öl raus. 30 Minuten auf den Grill legen – macht satt und schmeckt bombastisch. Mit der gleichen Methode kannst du auch Zwiebeln oder Mais grillen.

Gegrillter Spargel

Und noch etwas für unsere vegetarischen Grillfreunde. Hier die Zutaten:

Spargel
Kräuterbutter
Alufolie

Zuerst putzt und schälst du eine Hand voll frischen (wichtig) Spargel (etwa 6–10 Stangen, je nach Dicke – also so viel, dass man das Ganze noch knapp mit einer Hand umfassen kann). Dann packst du den Spargel mit reichlich Kräuterbutter und in Alufolie zu einem dichten Päckchen und legst es auf den Grill. Nach ca. 10 Minuten ist der Spargel noch mit Biss, wer ihn weicher mag, einfach länger liegen lassen.

Versuche mit Spargel aus dem Glas oder aus der Dose haben sich als nicht wirklich lecker herausgestellt.

Honigbananen

Auf einem Grill lassen sich auch unglaubliche süße Schlemmereien zubereiten. Für diesen einfachen, aber fantastischen Nachtisch brauchst du eine geschälte Banane. Die kommt auf ein Stück Alufolie. Auf die Banane gibst du zwei Teelöffel Honig, etwas Zimt und eine Prise schwarzen Pfeffer(!). Der Honig verläuft von selbst, muss also nicht verstrichen werden. Je nach Geschmack noch einen Esslöffel Rum drüber. Das Ganze verschließen und für ungefähr 10 Minuten auf den Grill. Vorsicht, Suchtgefahr!

Kleine Abwandlung: Wer es lieber schokoladig mag, nimmt statt Honig einfach Nutella.

EIN JAHR SPÄTER

Hallo, Hans-Jörg und Bernhard,
wie geht es euch denn so? Es ist inzwischen schon eine Zeit her, seit ihr euch mit euren Tipps und Ratschlägen in mein Leben eingemischt habt. Danke dafür, inzwischen komm ich gut zurecht. Meint zumindest meine Freundin! Ja, richtig gehört! Die Süße von meiner Party im letzten Jahr, erinnert ihr euch noch? Sie heißt Kathrin. Vielleicht ziehen wir bald zusammen. Das Einzige, was mich etwas zweifeln lässt, ist, dass sie nun überhaupt nicht an haushaltlichen Dingen interessiert ist, obwohl sie noch nicht mal Milch kochen kann. Sie lächelt mich immer nur nett an und sagt: »Mach mal, Ingo!«

WO FINDE ICH WAS?

WEBSITEEMPFEHLUNGEN

Wissenswertes

www.frag-mutti.de – die Website der beiden Autoren
www.umweltbundesamt.de – Das Umweltbundesamt – umfangreiche Infos zu den Themen Umwelt und Naturschutz
www.mamas-klassiker.de – die Website für alle Mama-Fans

Wohnen

www.stadtplandienst.de – Stadtpläne deutscher Städte und Orte
www.immobilienscout24.de – Großer Wohnungsmarkt
www.studenten-wg.de – Wohnungsmarkt für Studierende
www.wg-gesucht.de – WG-Wohnungssuche
www.mieterverein.de – Website des deutschen Mieterbund e.V. – bei Mietfragen

Lebensmittel

www.was-steht-auf-dem-ei.de – Verein für kontrollierte Tierhaltungsformen e.V. – Infos rund ums Ei
www.spaetzle.de – alles rund um des Schwaben Leibgericht
www.aldi-kochrezepte.de – Leckeres vom kultigen Discounter
www.bioland.de – Lebensmittel-Erzeuger-Suche für den Umkreis

Haushalt
www.hausfrau.de – Haushaltsmanagement – nur für Profis!
www.hausfrauenseite.de – noch mehr Haushaltsmanagement – nur für Profis!
www.teamhack.de – Haushaltsgeräte reparieren

Onlineshops
www.versandapo.com – Internetapotheke
www.docmorris.com – Internetapotheke
www.schlecker.de – Drogerieartikel im Internet bestellen
www.bring-fix.de – Supermarkt-Onlineshop für die Umgebung Dresden
www.olympstore.de – hochwertige bügelfreie Hemden

Party
www.feiern.net – Partyspiele
www.spielekiste.de – noch mehr Spiele
www.cocktails-ulm.de – Website der Cocktailbar »Manhattan« in Ulm

Her mit dem Tipp!

»Frag Mutti« freut sich auch über Kritik, Anregungen, Kommentare, Erfahrungsberichte aus eurem (Haushalts-)Leben. Unter allen Einsendungen wird ein Buchpaket in Höhe von 50 € verlost. Die Gewinner und die besten Tipps veröffentlichen wir auf unserer Website.

Bitte in
frankierten
Umschlag
stecken

Fischer Taschenbuch Verlag
Preisausschreiben: Frag Mutti
Hedderichstraße 114

60596 Frankfurt

Wir bedanken uns bei

- unserer Internet-Fangemeinde für die unzähligen Tipps und Ideen;
- unseren Muttis Elke und Irmgard, ohne die wir nie alleine überlebt hätten;
- unseren Vatis und Geschwistern, für ihre Unterstützung und (Über-)Lebensschulung;
- Ina Gailing, die unsere größte und schärfste Kritikerin war;
- Martina Seith-Karow, die sich von Anfang an für unsere Idee begeistert hat.

Ohne euch wäre »Frag Mutti« voll in die Hose gegangen.

Bernhard Finkbeiner
Hans-Jörg Brekle
Frag Mutti
Das Sparbuch
Band 17814

So macht Sparen Spaß! Bernhard Finkbeiner und Hans-Jörg Brekle, Studenten und Schwaben (!), bürsten das Thema gegen den Strich. Herausgekommen ist ein hilfreiches und unterhaltsames Kompendium der besten, gerissensten und witzigsten Spartipps:

- Kundenkarte – Spartipp oder Bauernfängerei?
- Die Wahrheit über Outlets
- Die schlimmsten Zeitfresser
- Welcher Spar-Typ bin ich?

Fischer Taschenbuch Verlag

fi 17814 / 1

Bernhard Finkbeiner
Hans-Jörg Brekle

Frag Vati

Das Nachschlagewerk für alle Lebenslagen

Band 17474

Das Erfolgsduo Bernhard Finkbeiner und Hans-Jörg Brekle hilft bei allen Fragen rund um Heimwerken, Auto und Job mit Tipps und Tricks, wie sie nur von Vati kommen können. Hier werden Fragen wie: Welche Grillkohle brauche ich für mein Fünf-Sterne-Würstchen?, Woher kommt der Seemannsknoten in meiner Krawatte? oder Gibt es einen Einerdübel und wenn ja, wie kommt er dann am besten in meine Wand? beantwortet. Die unentbehrliche Fortsetzung des Bestsellers »Frag Mutti« – wieder mit Komplettlösungen für alle Alltagsfallen. Alles garantiert praxiserprobt!

»Zwei Studenten, die den Eindruck erwecken,
Deutschlands perfekteste Hausmänner zu sein.«
Günther Jauch, stern TV

Fischer Taschenbuch Verlag

fi 17474 / 1

Oliver Uschmann
Wandelgermanen
Hartmut und ich stehen im Wald
Roman
Band 17248

Darf man eine Bochumer Männer-WG aufs Land verlegen? Kann man die Liebe einer Frau durch ein unrenoviertes Bad verlieren? Sind Luftatmer bessere Menschen? Dürfen Dorfgemeinschaften ihre Füße baden? Sollen junge Menschen sich im Wald ertüchtigen? Hartmut und ich wollen es wissen – und begeben sich in den Kampf von Mann und Natur. Der unglaubliche Roman einer unglaublichen Landpartie. Zum Brüllen komisch, zum Erschauern wahr.

»Ich finde, das kann ruhig so gesagt werden: ›Wandelgermanen‹ ist ein sehr gutes Buch – witzig, klug und im besten Sinne anarchistisch.«
Jess Jochimsen

»Ich dachte immer, ich wäre der letzte deutsche Wandelgermane. Da habe ich mich aber so was von getäuscht. Oliver Uschmann lesen, staunen und ablachen.«
Manuel Andrack

www.wandelgermanen.de

Fischer Taschenbuch Verlag

fi 17248 / 1

Tommy Jaud
Millionär
Der Roman
Band 17475

Was ist eigentlich aus dem *Vollidioten* geworden?
Ja, nix natürlich!

Simon nörgelt, Simon nervt – aber Simon verbessert die Welt. Glaubt er. Außerdem braucht der inzwischen arbeitslose Vollidiot mal eben 1 Million Euro, um eine nervtötende Nachbarin loszuwerden. In seiner Not entwickelt Simon eine derart abgefahrene Geschäftsidee, dass die Chancen hierfür gar nicht so schlecht stehen …

»Eine Gag-Invasion mit viel Wortakrobatik und
einem Hauch Melancholie. Einer der besten
Unterhaltungsromane der letzten Jahre.
Tommy Jaud – Deutschlands witzigste Seite.«
Alex Dengler, Bild am Sonntag

www.tommyjaud.de